10秒掌控谈话

［日］佐藤绫子 —— 著
毕梦静 —— 译

10秒で好かれるひとこと
嫌われるひとこと

中国科学技术出版社
·北 京·

10 秒で好かれるひとこと 嫌われるひとこと
10BYO DE SUKARERU HITOKOTO KIRAWARERU HITOKOTO
Copyright © 2022 by Ayako Sato
Illustrations © 2022 by Kotaro Takayanagi
Original Japanese edition published by Discover 21, Inc., Tokyo, Japan
Simplified Chinese edition published by arrangement with Discover 21, Inc. through Shanghai To-Asia Culture Communication Co., Ltd.

北京市版权局著作权合同登记 图字：01-2024-1903。

图书在版编目（CIP）数据

10 秒掌控谈话 /（日）佐藤绫子著；毕梦静译 . —北京：中国科学技术出版社，2024.8
ISBN 978-7-5236-0717-6

Ⅰ . ① 1… Ⅱ . ①佐… ②毕… Ⅲ . ①心理交往—通俗读物 Ⅳ . ① C912.11-49

中国国家版本馆 CIP 数据核字（2024）第 091682 号

策划编辑	赵　嵘　伏　玥	执行策划	伏　玥
责任编辑	刘　畅	版式设计	蚂蚁设计
封面设计	仙境设计	责任印制	李晓霖
责任校对	张晓莉		

出　　版	中国科学技术出版社
发　　行	中国科学技术出版社有限公司
地　　址	北京市海淀区中关村南大街 16 号
邮　　编	100081
发行电话	010-62173865
传　　真	010-62173081
网　　址	http://www.cspbooks.com.cn

开　　本	880mm×1230mm　1/32
字　　数	172 千字
印　　张	8.75
版　　次	2024 年 8 月第 1 版
印　　次	2024 年 8 月第 1 次印刷
印　　刷	大厂回族自治县彩虹印刷有限公司
书　　号	ISBN 978-7-5236-0717-6/C・263
定　　价	59.00 元

（凡购买本社图书，如有缺页、倒页、脱页现象，本社销售中心负责调换）

前言

　　大家觉得 10 秒是长还是短呢？虽然只有 10 秒，但若能有效利用，则可以获取许多重要的信息。心理学家威尔逊和脑科学家约翰·梅迪纳的研究表明，人类仅需 1 秒就能通过视觉获取 1000 万个要素，其中有 40 个要素可以经过大脑处理。也就是说，仅需 10 秒，人类就可以通过眼睛获取 1 亿个要素，其中有 400 个要素可以在大脑中得到处理。在 10 秒的时间里，人类可以获取并处理各种各样的信息。

　　那么，10 秒能传递多少内容呢？我研究了 40 年的表演心理学，以此得知，**在 10 秒内，人类大约能说出 44 个字（包括汉字、平假名等）**。虽然在 10 秒内，人类能通过视觉获取 1 亿个要素，能通过大脑处理 400 个要素，但人类的语言只能传递约 44 个要素，它们之间信息量的差距显而易见。正因如此，有效利用这 44 个字传递有限的信息是非常有价值的。在一般情况下，如果能有意识地去听他人在 10 秒内不经意间说出的话，那么，双方之间的交流质量就能得到大幅提升。

　　在由我主办的商务技能研修中，我经常会让大家进行"10 秒演讲"的练习。**通过有效利用 10 秒的时间，我们不仅能抓住他人的心，还能为达到某个特定的目的来改变他人的心意。**

　　在选举演讲的指导中，我也切实地感受到了 10 秒的力量。10 秒就能决定你是否能抓住车站前上班族的心。

在公司也是如此。当你突然在走廊里碰到同事或忙碌的上司，如果你想用一两句话抓住对方的心，你会说些什么呢？对于忙碌的现代人来说，1 秒都是非常珍贵的时间。如果你能有 10 秒的时间，那么你就能传达 10 倍的情绪。但前提是你能时刻意识到这件事，并清楚正确的规则，然后每天加以练习。

在本书中，我会从"请求""道歉""说难以启齿的话""自我展示""共情""表扬""训斥""引出真心话"这 8 个主题来分别讲解如何在 10 秒中掌控谈话。**每章内容都有其各自的规则，只要按照相应的规则来组织 10 秒的语句，就能说出他人喜欢听的话。**

在各章中，我设定了商务场景和日常生活中的具体场景，并且对"别人喜欢听的话"和"别人讨厌听的话"进行了举例说明。每句话被分解为 2 ~ 3 个部分，每个部分都解析了"给对方的印象"。所以，大家可以按照场景进行练习，学会组织语句。

此外，本书的另一特点是用插画对"更有效地传递一句话的非语言要点"进行了解释说明。所谓"非语言"，是指表情、动作等除语言之外的交流。大家可以通过以心理学知识为基础的非语言要点，更加有效地利用这 10 秒的时间。那么，让我们来活用在 10 秒内能传达 1 亿个要素的视觉力量吧！

请大家务必从自己感兴趣的主题、场景开始阅读，并加深理解。

目录

第1章 打动对方的请求、谈判、提案

场景 1	在会议上提出新想法时	004
场景 2	下属拒绝被委托的工作时	008
场景 3	被告知降薪时	012
场景 4	被任性的团队成员的言行所左右时	016
场景 5	请求降价时	020
场景 6	请求汇款时	024
场景 7	向上司提出希望调动工作时	028

第2章 修复关系的道歉和挽回

场景 1	电车晚点导致上班迟到时	036
场景 2	忘带商谈时需要使用的重要文件时	040
场景 3	在更改了一次约定时间后，因为有急事而需要再次更改时间时	044
场景 4	当下属没有接待好客户，被客户投诉时	048
场景 5	没有任何意见，却被要求发表意见时	052
场景 6	给客户报出了比实际更低的价格时	056

| 场景 7 | 客户已经付款却又收到了账单，于是打来电话质问时 | 060 |

第3章　难以启齿的事情的表达方式

场景 1	刚要下班，却被上司委托了花时间的工作时	068
场景 2	突然碰到难相处的同事时	072
场景 3	被迫听自己视为对手的同事谈论他的成功事迹时	076
场景 4	一直想担任的项目经理，却被决定由其他人担任时	080
场景 5	上司一直重复吹嘘自己时	084
场景 6	不知道对方说的专有名词的意思时	088

第4章　给人以深刻印象的自我展示

场景 1	在新的工作地点进行自我介绍时	096
场景 2	私下偶然遇到想签约的客户时	100
场景 3	会议因凝重的氛围而中止时	104
场景 4	第一次拜访客户时	108
场景 5	在面试中，除了寒暄还要说什么	112
场景 6	在同学会上见到了好久不见的朋友时	116
场景 7	在婚礼上开始致辞时	120

场景 8	明明是自己擅长的领域，却被客户说"你不太擅长吧？"	
		124
场景 9	自己想出的企划案却被认为是依靠团队的力量	128
场景 10	偶然从上司那得到了想要的礼物时	132

第5章　与对方共情

场景 1	当上司说"我的搭档去世了"时	140
场景 2	听到朋友说他被诊断患有癌症的消息时	144
场景 3	和心情烦躁的上司说话时	148
场景 4	和心情不好的妻子说话时	152
场景 5	和烦恼的丈夫说话时	156
场景 6	和因不如意的工作调动而沮丧的同事说话时	160
场景 7	听到同事用心写的企划书第三次被否决时	164
场景 8	下属谢绝新的工作机会时	168
场景 9	听到上司的女儿考上了好大学时	172
场景 10	听到上司晋升时	176

第6章 激发干劲的称赞方式

场景 1	和完美地完成项目准备工作的下属说话时	184
场景 2	称赞取得重要成果的团队领导时	188
场景 3	称赞夹在中间左右为难的下属时	192
场景 4	当下属对你说"我没有信心完成下一个项目"时	196
场景 5	想适当地称赞优秀的下属所取得的业绩时	200
场景 6	想和同事一起自然地夸赞与平时穿衣风格不同的前辈	204

第7章 关乎之后的训斥方法

场景 1	提醒总是迟到的下属时	212
场景 2	下属在正式的场合穿着随意的服装时	216
场景 3	下属没有反馈客户的不满时	220
场景 4	提醒总是说"原来如此"的下属时	224
场景 5	和总是把事情搞砸的下属说话时	228
场景 6	训斥在新的一周刚开始就打哈欠的下属时	232
场景 7	和答应得很好但却没有做出成果的下属说话时	236

第8章 引出真心话的倾听技巧

场景 1	向嘴上说着"为了你好",但发生问题时却装作不知道的上司提意见时	244
场景 2	当下属说"不想失败,给您添麻烦"并因此逃避挑战时	248
场景 3	身边的人在晚饭后的聊天中似乎想抱怨什么	252
场景 4	身边的人对"回家晚了"这件事做了很长的说明	256
场景 5	当下属提出辞职时	260
场景 6	认为上司偏袒同事,自己没有得到公正的评价时	264

结语 268

第 1 章 打动对方的请求、谈判、提案

在10秒内通过请求、谈判、提案找到头绪

从给下属布置工作这种简单的事到商量商品的价格、调动工作等,在我们每天的生活中充满了大大小小各种各样的请求、谈判和提案。

那么,做这些事情的共同目的是什么呢?

那就是:**让对方理解你说的话—信服—付诸行动。**

记住套路和秘诀,事情就会变得意外地简单。

从小事来看,比如平时的活动邀请等,日常需要提出请求、提案的场合数不胜数。

我自己迄今为止参与过的最重要的一场谈判是购买美国的土地。

某家大型企业想要为日本的青少年购买美国蒙大拿州的大片土地,而我是负责谈判的人。谈判内容是企业机密,在这里不方便透露。但是,成功地让对方说出"YES"(同意合作)的方法,就是我在这里要传达给大家的10秒规则。

让我们一起来学习从日常生活到商务场合都能应用的请求、谈判、提案的规则吧!

本章的 5 条规则

1 不要否定对方一直以来的做法

否定对方一直以来的做法，相当于否定了对方的能力。在那之后，对方就不会再想听你说话了。

2 认可对方

在心理学中普遍认为，人类有想要被他人认可的欲望。在充分得到他人认可时，不仅会获得满足感，也会更愿意聆听对方的主张。

3 新的提案按照"Yes，and"（同意，然后）来组织内容

对于对方的要求，用"Yes"表示同意后，再提出自己的意见吧！这样一来，你就能轻而易举地让对方接受自己的要求。

4 使用"I message"

所谓"I message"，是指"如果你为我做××，我会感到开心/我会得到帮助/我会非常感激"。只要将"如果你为我做××"这一条件和"我会感到开心"等结论组合在一起，就能在不苛责对方的情况下，使自己的提案通过。

5 用温柔的目光注视着对方的眼睛

这样一来，我们就能向对方传递"我说的话很重要"这一信息。此外，这能使自己看起来不那么强硬，从而使自己的提案更容易被对方接受。

10秒 | 使自己的意见被采纳

场景 1 | 在会议上提出新想法时

想让自己的意见被采纳 / 想让他人认为这是个好主意

在10秒内被讨厌

✗ 之前的那些提案都有许多不足。但是，我的这份提案应该能奏效。

（29个字符）

在10秒内被喜欢

○ 大家之前的提案都很棒。如果再加上我这个新的方案，会不会更好？

（30个字符）

错误方法

✗ 使用否定性的语言会招致反感

[1 全盘否定过去] + [2 自己的判断]

之前的那些提案都有许多不足。❶
但是，我的这份提案应该能奏效。❷

违反了规则①"不要否定对方一直以来的做法"。你本想通过"但是"这一转折词来提出自己的方案，但当听者听到"但是"这个词时，就已经做好了心理准备，认为接下来的内容会是否定性的内容。在这种状态下，他们很难再听进去新的意见。

当你在对方的心中播撒下"令人反感的种子"之后，提案通过的概率将大打折扣。

因为无论是谁，当自己一直以来的做法被否定时，都会觉得不愉快。

正确方法

〇 为了促成积极的变化，肯定对方的过去吧！

| 1 肯定过去 | ＋ | 2 提案 |

大家之前的提案都很棒。**1**
如果再加上我这个新的方案，会不会更好？**2**

认真地肯定对方一直以来的做法，遵循了规则①"不要否定对方一直以来的做法"。因为是在认可了对方的做法后提出自己的方案，所以也就自然地对应了规则③按照"Yes，and"来组织内容。大家的表现通常有以下 3 种：

①全盘否定对方，坚持自己的主张，且带有攻击性。
②同意对方的主张，但没有自己的主张。
③肯定自己和对方的主张。

在与对方建立良好关系的同时提出自己的主张，叫作"Assertion"[1]。这在咨询心理学中经常被使用，在所有的商务场景中也同样能发挥作用。

---

[1] "Assertion"是构建更好的人际关系的交流技巧之一，是基于"每个人都有权表明自己的意见和要求"的立场提出适当的主张。——译者注

和非语言性表达搭配使用吧！

轻轻微笑着点头表示赞同，会使自己的提案更容易被接受

- 嘴唇两边微微向上，轻轻地微笑。
- 试着轻轻地点一次头来表达自己赞同的心情吧。

10秒 | 在消极的处境下使对方发生转变

场景 2 | 下属拒绝被委托的工作时

希望对方接受提案 / 不想让对方觉得自己唠叨

在10秒内被讨厌

✗ 如果你连这种程度的工作都做不好，就说明你不适合这份工作。

28个字符

在10秒内被喜欢

○ 你是遇到什么瓶颈了吗？可以和我说说，我会帮你的。

24个字符

> **错误方法**
>
> ✗ 如果连对方的能力都一并否定了，那会导致你的提案无法通过

① 否定性评价 ＋ ② 能力上的否定

> 如果你连这种程度的工作都做不好，**①**
> 就说明你不适合这份工作。**②**

只有好胜心非常强的人才会在被领导说"你不适合这份工作"之后，依然继续充满干劲。对于普通人来说，当听到这句话之后，会变得非常沮丧。所以，如果你本来是想让对方好好做一项工作，那么这样说只会起到完全相反的效果。而且，**断定对方"不适合这份工作"**，也就相当于剥夺了对方的成长空间。在有些场合下，甚至可能会被认为是语言暴力，因此一定要避免说出这样的话。

这种做法违反了规则①**"不要否定对方一直以来的做法"**，而且，不仅没有遵循规则②**"认可对方"，反而伤害了对方**。这种说话方式可能会招致对方的反抗或深深地伤害对方，从而使对方陷入沮丧。无论是哪种结果，都会使对方无法再用心倾听你的提案。

> **正确方法**

○ 通过提出能让对方进行思考的问题，得出对方无法做到的原因

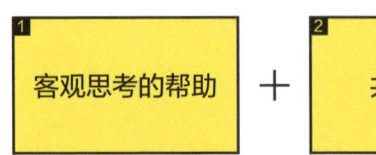

| 1 客观思考的帮助 | ＋ | 2 共同工作 |

> 你是遇到什么瓶颈了吗？ 1
> 可以和我说说，我会帮你的。 2

当下属本人认为自己无法完成某项工作时，作为上司或前辈的你，需要让他看到你的态度——"我会帮你的"。为此，你需要问清原因，**提出能让对方进行思考的问题，对方就会更容易坦诚地说出原因**。"我会帮你的"这种话能给予对方安全感，会让对方觉得"也许我能做到"。

> **这种说法也可以**
> "是吗？是很难啊。这本手册可能会对你有所帮助，如果还是没有用的话，再来找我谈谈吧。"

- 当下属不知道具体的做法时，这样说也不错。
- 通过向下属提供资料和前辈支持这两种方式，可以瞬间减轻对方的心理负担。

> 和非语言性表达搭配使用吧!

这种做法会更好：通过柔和的表情和语调提升亲近感，不要给对方压力

- 用比平时更慢的语速说话。
- 温柔地注视着对方的眼睛。
- 嘴唇放松。
- 如果是关系比较亲近的人，可以将手轻轻地搭在对方的肩上，以此来提升亲近感。

10秒 | 在消极的处境下提升自我评价

场景 3

被告知降薪时

想提升自我评价 / 想被认可 / 想抓住下一次机会

在10秒内被讨厌

✗ 啊？真的吗？我明明拼命努力了，为什么会这样？

（22个字符）

在10秒内被喜欢

○ 好的，我了解了。是我自己努力得不够。明年我会更加努力，希望能得到您的指导。

（37个字符）

> 错误方法

✗ 如果想提升对方对自己的评价，就不要否定对方的做法

| ① 对自己评价过高 | ＋ | ② 没有提出具体的期望 |

> 啊？真的吗？
> 我明明拼命努力了，❶
> 为什么会这样？❷

　　这样表达违反了规则①。强烈地否定了对方的做法，当然会使对方感到不愉快。也许上司自己的工资或奖金也降低了呢？也试着想一下对方的处境吧。

　　同时，这一回答也违反了规则②。否定了对方的评判标准，没有使上司的做法得到认可。

　　"明明……"违反了规则③。"明明……"在这里作为连词，发挥了反作用。

正确方法

⭕ 认可对方，展现自己对今后的热情

| 1 站在对方的立场考虑 | ＋ | 2 积极地自我评价 | ＋ | 3 对于今后的展望 |

> 好的，我了解了。①
> 是我自己努力得不够。②
> 明年我会更加努力，希望能得到您的指导。③

这样表达符合规则①，**肯定了对方的做法**，而且表明了对明年强烈的工作热情和承诺，所以也完全符合规则③的"Yes，and"。

"希望能得到您的指导"符合规则②，是满足上司的"认可欲求"的高明做法。擅长这样做的人可能会很受领导欢迎，并且更容易得到领导的关照。

这种说法也可以

> "为了明年能拿到奖金，我会继续努力的。希望能得到您的指导。"

- 可以让领导感受到你的谦虚，对你有更好的印象。
- 明确地说出"明年"这一具体时间，极有可能会提升上司对你的评价。如果你真的能言出必行，那么下一次的奖金评定结果应该会让你满意。

和非语言性表达搭配使用吧!

看着对方的眼睛说话,可以传达自己的诚意和热情

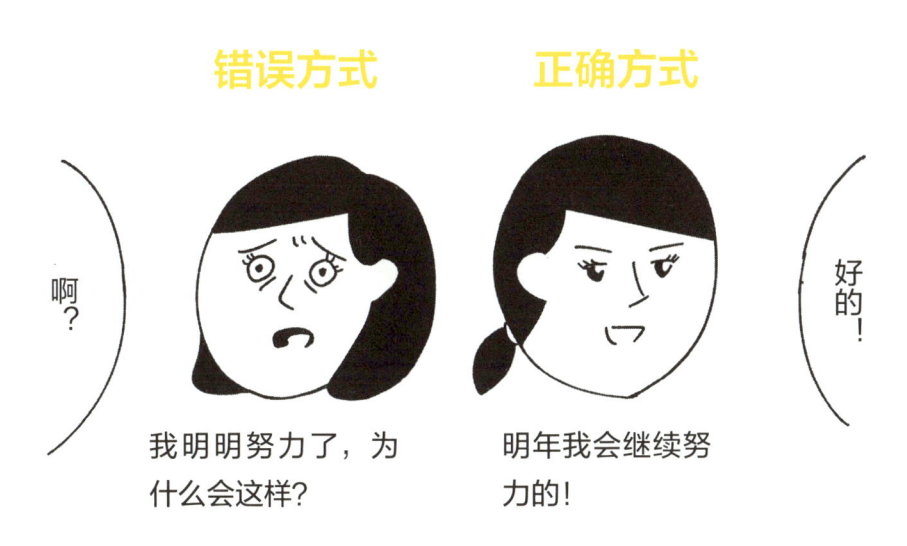

错误方式　　　**正确方式**

啊?　我明明努力了,为什么会这样?　　　明年我会继续努力的!　好的!

- 皱着眉说话会让你所有的语言变得暗淡无光,因此不要这样做。
- 用温柔的目光注视着对方眼睛的中心或双眼外侧与鼻子之间二分之一处的位置。
- 在说"明年我会继续努力的"时,将眼睛睁得更大一些,以吸引对方的目光。

促进对方的改变与行动

场景 4

被任性的团队成员的言行所左右时

不想破坏团队的氛围 / 不想伤害对方

在10秒内被讨厌

✗ 你真的完全以自我为中心啊。像你这样的人，没人会帮你。

（26个字符）

在10秒内被喜欢

○ 最近你是不是一直在忙你自己的工作呀？能不能抽出一点儿时间，帮助团队完成任务呢？

（39个字符）

错误方法

❌ 过于强烈的否定是不合情理的

[1] 否定对方的人品 ＋ [2] 暗中给对方施加压力

> 你真的完全以自我为中心啊。[1]
> 像你这样的人，没人会帮你。[2]

当你说出"以自我为中心"这种否定对方人品的话时，其实是你输了。你违背了规则②"认可对方"。由于人们说话时的表情会与其说话的内容相互联动，所以，当你说出这样的话时，恐怕你也愁眉不展。也正因如此，你向对方传达了更加强烈的否定，导致对方会对你完全关闭心门。

"没人会帮你"这句话，实际上会给对方施加"我已经不会再帮你了"这种压力。经过这草率的 10 秒，对方已经不可能领会到你想让对方为团队提供帮助的本意了。

正确方法

○ 表达共情，缩短距离

[1] 共情 ＋ [2] 鼓励对方帮忙

> 最近你是不是一直在忙你自己的工作呀？[1]
> 能不能抽出一点儿时间，帮助团队完成任务呢？[2]

不要否定对方只顾自己的这种做法，而是通过对其表示理解，**先缩短和对方的距离**。此外，不要直接和对方说"我希望你能为团队提供帮助"，而是要以疑问句的形式表达。

这种说法也可以
> "大家都只顾着忙自己的工作。在这种情况下，如果能得到周围人的帮助，大家都会轻松一些。"

- 如果你是上司，这样说也无妨。
- 当被说到"腾不出时间的并非只有你一个人"的时候，一些认为自己还不成熟的下属会觉得自己被拯救了。
- 如果能委婉地向下属表达出"向周围人提供帮助也是帮助你自己成长的方式之一"，就可以改变有上进心的下属的行动，使他们愿意为团队贡献自己的力量。

> 和非语言性表达搭配使用吧！

挑选合适的角度去看对方，就可以表达共情

能不能抽出一点儿时间，帮助团队完成任务呢？

- 将自己的头部向听者的反方向倾斜 30 度，从斜下方朝上看对方的脸，与对方进行眼神交流。
- 在谈话的过程中，频繁地点头，可以向对方传达自己的理解与共情。

10秒 通过自己的意见，促进对方的行动

场景 5 请求降价时

说难以启齿的话 / 不想把关系搞僵 / 降价

在10秒内被讨厌

✕ 这已经超出我们的预算了。这样的话就没办法委托给你了。

（26个字符）

在10秒内被喜欢

○ 这个价格大约超出了我们的预算 × 元。所以，能稍微帮我们降低一下价格吗？

（34个字符）

> 错误方法

✗ 夸张的表达会损害对方的干劲

[1 对于金额的否定性判断] ＋ [2 强烈否定]

> 这已经超出我们的预算了。[1]
> 这样的话就没办法委托给你了。[2]

"这已经超出我们的预算了"这种说法会让对方觉得现在的价格大幅地超出了你的预算,所以,**很难传达给对方"麻烦您稍微降低一下价格"的这种期望**。

而且,一旦说出"没办法委托给你了",**就会使对方产生一种反叛心理**,让对方觉得"那就别委托给我呗"。这样一来,会大大降低谈判顺利进行的可能性。

正确方法

○ 要时刻怀有"拜托对方来决定"的态度

| 明确的事实 [1] | ＋ | 退一步的请求 [2] |

> 这个价格大约超出了我们的预算 × 元。[1]
> 所以,能稍微帮我们降低一下价格吗?[2]

如果要表明具体的金额,那么"大约 × 元"这种柔和的说话方式会给他人留下更好的印象。

事实上,要求降价的谈判,**让对方看到自己想拜托对方来决定的态度,是更加聪明的说话方式**。这样的话,即使对方不能答应降价,也可能通过追加其他服务等方式,间接地满足你的诉求。

和非语言性表达搭配使用吧!

通过柔和的表情和姿态,来降低谈判的难度

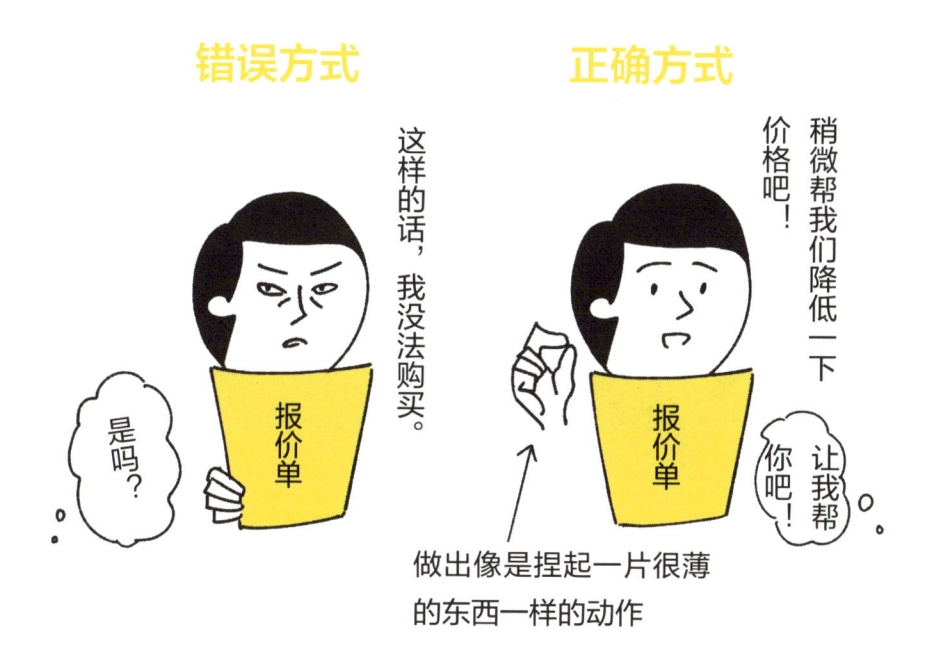

错误方式　　　　**正确方式**

这样的话,我没法购买。

是吗?

稍微帮我们降低一下价格吧!

让我帮你吧。

做出像是捏起一片很薄的东西一样的动作

- 在说"稍微"的时候,做出像是用大拇指和食指捏起一片很薄的东西一样的动作。
- 让对方看到你微笑的嘴角。
- 如果目光很尖锐,就会给对方造成压力,从而使对方很难答应降价。

10秒 给予对方辩解的余地，促进行动

场景 6 请求汇款时

想稳妥地完成 / 希望对方能立即做出应对 / 不想催促对方

在10秒内被讨厌

✗ ××，之前你就有延迟汇款的情况，这次你也忘了吗？请你把这次的款项汇给我。

（36个字符）

在10秒内被喜欢

○ ××，也许你忘记了，如果你能把这次的款项汇给我，我将感激不尽。

（31个字符）

错误方法

✗ 不要提及过去的过错

| 1 自己的想法 | ＋ | 2 命令 |

××，
之前你就有延迟汇款的情况，这次你也忘了吗？**1**
请你把这次的款项汇给我。**2**

这种说法会将对方仅一次的延迟汇款说成好像对方每次都延迟汇款。这违反了规则①，否定了对方一直以来的做法。即使对方真的一直都是延迟汇款，也不能把对方的过去包含在内，对其进行评价。

而且，由于使用了命令的口吻，会让对方觉得自己低人一等。这句话恐怕会对你们双方今后的交易产生不好的影响。

> 正确方法

⭕ 给对方留有辩解的余地

[1 给对方台阶下] ＋ [2 表达自己的感谢]

> ××，
> 也许你忘记了，[1]
> 如果你能把这次的款项汇给我，我将感激不尽。[2]

通过使用"也许你忘记了"这一说法，**肯定了谁都会有"不小心忘记"的情况。**

而且，"如果你能把这次的款项汇给我，我将感激不尽"这一说法，完美地符合了规则④"I message"的条件和结论。这样一来，对方可能就会一边说着"啊，是吗？我忘了！谢谢你提醒我"，**一边立即采取行动。**

> 和非语言性表达搭配使用吧!

用不会让对方感到压力的表情提醒对方

错误方式　　　正确方式

错误方式：抱歉……　你是不是忘记汇款了?

正确方式：你是不是忘记汇款啦?

- 皱起眉会让对方觉得你对于没有汇款这件事十分在意。
- 试着让自己的眼角浮现一丝笑意,语速放缓,以此来表现自己的冷静。

10秒 | 传达热情和感谢

场景 7 | 向上司提出希望调动工作时

不想被看作是背叛者 / 想让自己的请求得到批准 / 想传达感谢之意

在10秒内被讨厌

✗ 我觉得现在的部门不适合我。可以把我调去其他地方吗？

（25个字符）

在10秒内被喜欢

○ 我在现在的部门学到了很多，今后我想在新的地方继续学习更多东西。

（31个字符）

错误方法

✗ 不要将自己的判断强加于人

```
┌─────────────┐      ┌─────────────┐
│ 1           │      │ 2           │
│ 过于相信自己的 │  ＋  │ 随意的提案    │
│     判断     │      │             │
└─────────────┘      └─────────────┘
```

> 我觉得现在的部门不适合我。[1]
> 可以把我调去其他地方吗？[2]

如果一边看上司的脸色,一边眉头紧锁,用一副为难的表情说出这种话,充其量会被上司说"你真没出息"。

"现在的部门不适合我"终究只是你自己的判断。如果一开始就先说这句话,会让上司觉得这只是你任性的想法,因而对此一笑置之。如果是自负的上司,他会觉得自己是在考虑了你的个人特质之后才给你安排了工作,所以,听你这样说可能会很生气,会觉得"你说这话有什么根据吗"。如果是有才干的上司,因为他知道经验不足的年轻人很容易犯下"自我认知不准确"的错误,所以很可能会拒绝你,并对你说:"不要说不适合,请再努力一些吧。"而且,即便是经验丰富的社长,也可能会把你的这种自我判断看作是你的自我意识过剩。

正确方法

○ 怀揣着感谢的心情，提出积极的提案

| 1 对现状表示感谢 | ＋ | 2 积极的新提案 |

> 我在现在的部门学到了很多，1
> 今后我想在新的地方继续学习更多东西。2

如果不仅希望能调动工作，还想打动上司的心：

（1）**不要表达不满，而要表达感谢。**

（2）**要提出积极的期望。**

这是铁则。

即使没有直接表示感谢，上司也可以在你所说的"我在现在的部门学到了很多"这句话里感受到你想要表示感谢的心情。所以，在听到这样的话之后，上司并不会觉得心情不好。而且，"**继续学习更多东西**"这种积极的想法应该也会让上司对你产生好感。

此外，在向上司提出自己的期望时，要一边看着对方的眼睛，一边用明朗的表情，和颜悦色、干脆利落地说出来。如果你能时刻记住这一点，那么事情顺利进行的可能性会有所提高。

和非语言性表达搭配使用吧!

通过鞠躬和眼神来表现自己的热情,提出建设性的提案

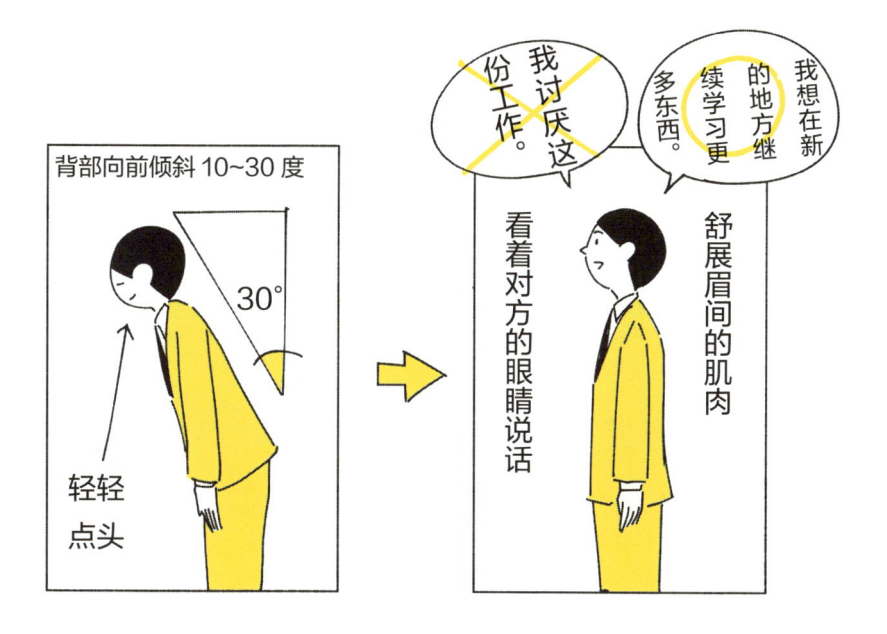

- 背部向前倾斜10~30度,并轻轻点头。
- 在开始说话前,先和对方进行眼神交流;说完之后,再次和对方进行眼神交流。
- 为了表现自己的热情,要看着对方的眼睛说话。

第 2 章 修复关系的道歉和挽回

使关系更上一层楼

无论是人际关系还是工作，在进展顺利的时候都会让人感到舒心。但是，也经常会出现双方之间产生误解或出现失误等各种情况。

有这样一句谚语："犯错者为人，谅错者为神。"人类总是在不断犯错。

如果你因为对方的一两句话，就觉得"啊，我和那个人价值观不合"。那么，你和对方的关系也就到此为止了。

因此，在表演心理学中，有这样一种构建人际关系所必需的方程式：**即使双方有分歧产生，也可以在修复之后，构建起比以前更好的关系**。这一修复的过程被称为"行为矫正"。所谓"行为矫正"就是进行道歉、赔罪。如下图所示，当危机产生时，如果能进行适当的"行为矫正"，就能构建良好的关系。但是，如果"行为矫正"进行得不顺利，那么，危机就会卷土重来，道歉和赔罪也都会失败。

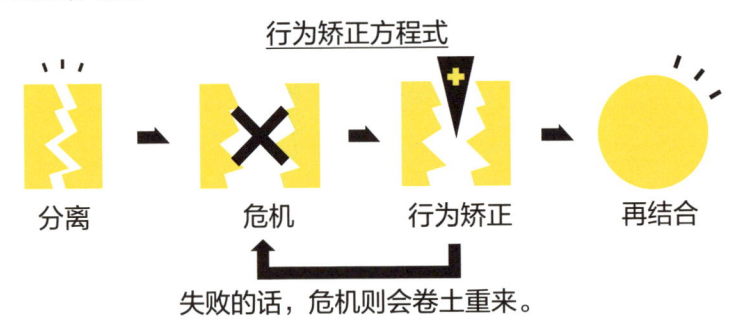

行为矫正方程式

分离 → 危机 → 行为矫正 → 再结合

失败的话，危机则会卷土重来。

本章的 2 条规则

1 前提规则

遵守表演心理学中关于道歉和挽回的基本方程式——"行为矫正方程式"。此外，我们需要在演变成决定性的危机、吵架、分手之前，运用能顺利修复关系的 10 秒语句，进入再结合的环节。

2 技术规则

（1）**不要用借口来道歉。**

因为这会让对方觉得你很狡猾。

（2）**不要转嫁责任或进行自我防卫。**

因为这会让对方觉得你很怯懦。

（3）**选择合适的道歉用语。**

如果不依据事情的严重程度将道歉进行分级，那么可能有时会让对方觉得"这种程度的道歉也太轻了！"反而更生气，有时则会让对方觉得"这也太夸张了吧！"而感到无语。

10秒 | 表达歉意，提升对方对自己的评价

场景 1 电车晚点导致上班迟到时

无论如何我想道歉 / 不要找借口 / 想挽回错误

在10秒内被讨厌

✗ 抱歉。西武线又发生事故了，所以晚点了。它后面的小田急线也晚点了……

（33个字符）

在10秒内被喜欢

○ 真的非常抱歉。我在这么重要的场合迟到。之后我一定会弥补回来，请您原谅。

（35个字符）

> **错误方法**

✗ 无论在什么样的情况下都不要找借口

| 1 从借口开始 | ＋ | 2 以借口结束 |

> 抱歉。
> 西武线又发生事故了，所以晚点了。**1**
> 它后面的小田急线也晚点了……**2**

虽然最开始先说了"抱歉"，这一点是好的。但是，在进行道歉后，紧接着说出了"西武线"和"小田急线"这两条铁路线名称，并且这两个名字所占用的语句比"抱歉"长多了。因此，这会给对方留下一种强烈的"你在找借口"的印象。

在这种场合，当你迟到后，在场的人会觉得"咦，这个人怎么迟到了"，这时你和他们正处于分离阶段。因此，即使你想道歉，然后进入行为矫正的阶段，但**比起行为矫正，找借口的感觉会更强烈**。所以，要想进行行为矫正，就必须把想要道歉的心情作为最主要的信息传递给对方。

如果不能把想要道歉的心情作为最主要的信息传递给对方，大家的心情就会直接从分离阶段一下子进入危机阶段。这实际上违反了规则①和规则②。

> 正确方法

◯ 诚恳的道歉可以修复和对方的关系

| 1 道歉 | ＋ | 2 再次确认事实 | ＋ | 3 今后的代替方案 |

> 真的非常抱歉。**1**
> 我在这么重要的场合迟到。**2**
> 之后我一定会弥补回来，**3**请您原谅。

在这10秒的话语中，完全没有提及借口。进行发自内心的道歉并表明今后的决心，这样就可以进入到行为矫正的阶段。

将非语言性表达"深深地鞠躬"和进行礼貌的道歉，以及提出今后的改进措施，这三者结合起来一起使用吧！这样一来，大家心里会想"那就再给他一次机会，看看他做得怎么样吧"，大家的态度会由此发生变化。这样一来，就可以向行为矫正的下一个阶段"再结合"迈进了。

> 和非语言性表达搭配使用吧!

用真心的语调、姿势和目光,进行诚意满满的道歉

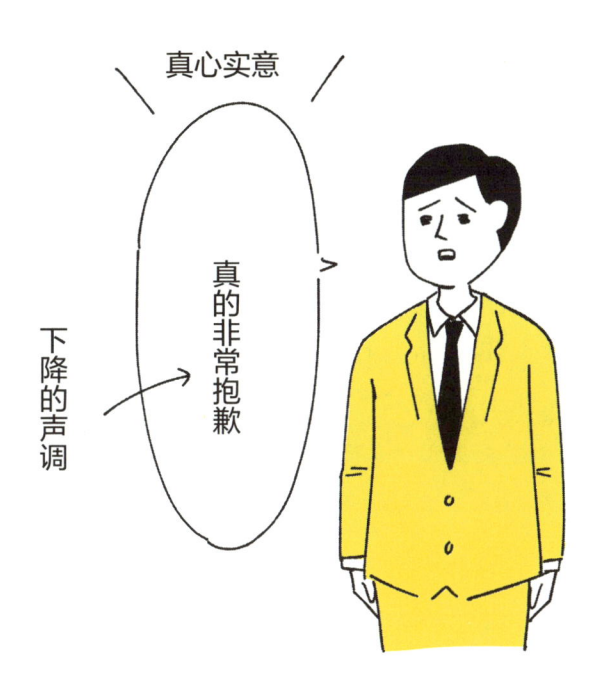

真心实意

真的非常抱歉

下降的声调

- 在说"真的非常抱歉"时,不要用一成不变的语气说话,而要真心实意地发声。
- "抱歉"的语末,要以降调结束。
- 用沉稳的语气说"我迟到了",并与对方进行眼神交流。
- 把背挺直,直视对方的眼睛,说出宣誓性的话语。

10秒 **场景2** 表达歉意，将负面影响降到最低

忘带商谈时需要使用的重要文件时

想沉着冷静地应对 / 不想让对方生气 / 不想让对方降低对自己的评价

在10秒内被讨厌

✗ 抱歉。文件找不到了，不知道去哪儿了……

（19个字符）

在10秒内被喜欢

○ 真的非常抱歉。由于我的疏忽，忘记带文件了。可以允许我进行口头说明吗？

（34个字符）

> 错误方法

✗ 不要说转嫁责任的话

```
[1] 不够诚恳地道歉  +  [2] 逃避责任
```

> 抱歉。[1]
> 文件找不到了,
> 不知道去哪儿了……[2]

这种不诚恳的道歉方式会让对方觉得你仿佛在说别人的事情。这违反了"依据事情的严重程度选择合适的道歉用语"这一规则。而且,"不知道去哪儿了……"这种说法是在转嫁责任,会给对方留下非常不负责任的印象。这样一来,你也无法继续进行解释了。

无论如何,都必须清楚地向对方表明"责任在我"。

> **正确方法**

◯ 慎重选择道歉用词，提出对策

1 诚恳地道歉 ＋ **2** 以疑问句的形式提出代替方案

> 真的非常抱歉。**1**
> 由于我的疏忽，忘记带文件了。
> 可以允许我进行口头说明吗？**2**

首先要进行诚恳的道歉，这才是正确的做法。说起道歉，有的人会一直重复"抱歉、抱歉"，但如果对方是非常重要的客户，**只说"抱歉"会显得非常没有诚意**。所以，请大家根据对方的身份和实际情况，慎重地选择道歉用语，从而给对方留下诚实、有礼貌的印象。

此外，提出代替方案也是很好的做法。这样做会让对方觉得你并没有推卸责任，而是勇于承担责任，并积极应对。

> **这种说法也可以** "我该怎样表达我的歉意才好呢？我忘记带文件了，真的非常抱歉。"

- 在最开始的 10 秒内，不停地道歉也是一种不错的做法。
- 但是，如果一直说"这可怎么办呢"可能会使对方感到不安。

> 和非语言性表达搭配使用吧!

彬彬有礼的语言和动作,可以向对方传达自己的歉意

错误方式   **正确方式**

文件去哪儿了呢……

真的非常抱歉。可以允许我进行口头说明吗?

- 为了赶快把事情说完,只用一两句话带过,然后开始鞠躬,这样做是不行的。
- 用沉稳的语调说话,并认真地注视对方的眼睛。
- 在用疑问句(提出代替方案)结束道歉的同时,稍微将头倾向一侧,用柔和的目光看着对方,向对方传达自己的歉意。试着这样做吧!

表达歉意，维持信任

10秒

场景 3 在更改了一次约定时间后，因为有急事而需要再次更改时间时

想道歉 / 希望对方接受自己的请求

在10秒内被讨厌

✗ 抱歉。我太忙了，以至于把时间弄错了。可以再更改一下时间吗？

（29个字符）

在10秒内被喜欢

○ 真的非常抱歉。可以再更改一下前几天刚更改过的时间安排吗？我今后一定会注意。

（37个字符）

> 错误方法

✗ 听起来像是把自己的时间安排当作借口

[1] 随意地道歉 ＋ [2] 命令对方行动

抱歉。[1]

我太忙了，以至于把时间弄错了。

可以再更改一下时间吗？[2]

首先，你不应该对重要的客户说"我很忙"或者"我不忙"。一旦你说"我太忙了，以至于把时间弄错了"。那么，你就不是在道歉，而是在找借口。这样一来，反而会让对方对你心生反感，觉得"你算老几啊"（有那么忙吗）。

其次，"可以再更改一下时间吗？"这种说法，可能会让对方觉得你是在命令他。**明明是自己的失误却要让对方来配合你。大家要避免使用这种说法。**

因为这句话会让对方觉得这是"借口"或"命令"，从而导致你无法进行行为矫正，道歉也会因此失败。

正确方法

⭕ 将自己的事情放在一边，进行道歉

| 1 诚恳地道歉 | + | 2 提出方案 | + | 3 今后的准备 |

> 真的非常抱歉。**1**
> 可以再更改一下前几天刚更改过的时间安排吗？**2**
> 我今后一定会注意。**3**

以"真的非常抱歉"这一言辞恳切的道歉用语开启谈话，可以抓住对方的心。绝对不要说出自己很忙这种借口式的话语。二次变更时间安排这件事需要你诚心诚意地和对方商量。

这种说法也可以
> 再次更改时间，实在是太过意不去了。真的非常抱歉。

这种说法也可以
> 再次更改时间，不知道会给您带来多大的困扰。这是最后一次了，拜托您了。

- 提及"对方会感到困扰"，可以表现出你能够理解对方的处境。
- 使用上述说法，即使是出现重大的失误，自己的请求被接受的可能性也会变高。

和非语言性表达搭配使用吧！

先鞠躬，之后进行道歉，然后提出方案

好几次了！

将头部向经常使用的那只手的反方向倾斜20度

20°

可以再更改一下前几天刚更改过的时间安排吗？

- 先看着对方的眼睛，之后深深地鞠躬，然后说"真的非常抱歉"。
- 在说"想再拜托您这一次"时，要看着对方的眼睛，但是，不要直视对方的瞳孔，而是看着对方的整双眼睛。
- 比起让自己的脸正对着对方的脸，将头部向经常使用的那只手的反方向倾斜20度会更好。这样可以使对方感受到：你在用柔和的态度和低姿态来拜托他。

10秒 表达歉意，维持信任

场景 4 当下属没有接待好客户，被客户投诉时

不想使事态进一步恶化

在10秒内被讨厌

✗ 是吗？我觉得我们公司的××不会这样……

19 个字符

在10秒内被喜欢

○ 这是××的错。真的非常抱歉。我现在立刻去确认，之后我会和他一起向您道歉。

36 个字符

> 错误方法

✗ 要避免逃避责任般的发言

| 1 漫不经心地道歉 | + | 2 转嫁责任 | + | 3 推脱搪塞 |

> 是吗？ 1
> 我觉得我们公司的 ×× 不会这样…… 2 3

"我觉得我们公司的 ×× 不会这样……"这句话听起来像是在护短，这会使客户的怒气值直线上升。比起护短，要先表示出自己能与对方共情。

护短会给对方一种你在转嫁责任、推脱搪塞的印象，会导致你无法进行行为矫正，从而使道歉无法达到预期的效果。

正确方法

⭕ 承认事实，明确说出之后的解决方案，进行行为矫正

| 1 承认并复述对方的诉求 | + | 2 明确说出之后的解决方案 | + | 3 承诺之后会再次向对方汇报处理结果 |

> 这是 ×× 的错。真的非常抱歉。[1]
> 我现在立刻去确认，[2]
> 之后我会和他一起向您道歉。[3]

在公司内，虽然下属要对自己的错误负有很大责任，但是上司有责任教导自己的下属。因此，当下属犯错时，其上司的道歉对于客户来说是非常有分量的，并且效果显著。作为上司，要时刻意识到：满怀诚意地进行道歉，并提出今后的处理方案是上司的工作之一。这符合"行为矫正方程式"。

这种说法也可以
> "×× 确实有做得不妥的地方。真的非常抱歉。我会在和他确认之后，给您答复。"

- 向对方表明"×× 确实有做得不妥的地方"，会让对方感受到你在认真听他说话，并且对方的诉求得到了满足。
- 提出具体的解决方案，说"请您先看一下这个吧"，可以在一定程度上消除对方的怒气。

> **和非语言性表达搭配使用吧!**

温柔地看着对方的眼睛，进行道歉，并说出解决方案

◀ 温柔地看着对方的眼睛

真的非常抱歉。

说话时将背部稍微向前倾

- 说话时要温柔地看着对方的眼睛，并将背部稍微向前倾。
- 不要抬头挺胸，也不要一直盯着对方看。
- 温柔地看着对方的眼睛，与对方进行眼神交流。说完之后，向对方深深地鞠躬。

10秒 表达诚意，维持信任

场景 5　没有任何意见，却被要求发表意见时

不想说谎 / 不想让别人觉得自己很笨 / 不想感到自卑

在10秒内被讨厌

✗ 虽然可能没有什么价值，但我的意见是……

19个字符

在10秒内被喜欢

○ 非常抱歉，虽然我认真地思考了，但还是没有想出什么意见，请再给我一点时间。

36个字符

> **错误方法**

✖ 设置防线，会让大家觉得你在明哲保身

| ❶ 从借口开始 | ＋ | ❷ 不明确的主张 |

> 虽然可能没有什么价值，❶
> 但我的意见是……❷

如果说出类似于"怎样都好"这种自暴自弃式的回答，那就是在自掘坟墓。请换位思考一下，如果你是想听取对方意见的人，你会怎样想。同时，类似于"虽然可能没有什么价值……"等想要设置防线的做法也会给对方留下你很轻率的印象。

此外，说出没有自信且不确定的主张，会贬低你自身的价值。

这样一来，行为矫正就会失败，并且会给他人留下你是"没有意见的人""不会思考的人"的印象。

> 正确方法

⭕ 诚实地表达出自己的能力不足

[1 郑重的道歉] + [2 承认自己的能力不足]

> **非常抱歉，**[1]
> **虽然我认真地思考了，但还是没有想出什么意见，**[2]
> **请再给我一点时间。**

能承认能力不足是诚实的表现。如果实在想不出好的意见，就像这个例子一样，诚实地说出来吧！**比起笨拙地掩饰，坦率地承认自己的能力不足更容易让对方对你产生好感。**

话虽如此，如果你是有一定职场地位的人，当你把能力不足作为理由时，可能会损害对方对你的信任。

> 这种说法也可以
> 感谢您询问我的意见，但我暂时还没有整理好自己的想法，真的非常抱歉。

- 用"我暂时还没有整理好自己的想法"这种说法，将"其实我有一些想法""我并非永远都不发言"这种含义传达给对方。

> 和非语言性表达搭配使用吧!

在道歉的同时保持害羞的微笑,会给对方留下好印象

- 因为大家都在期待你的发言,所以如果你能在表达抱歉的同时流露出害羞的表情,那是最好的。
- 为了向大家表现出自己在认真地思考,在说"非常抱歉"这句话时,要轻轻地低下下巴,并将眉毛弄成八字形。
- 在说"我还没有想出来"的时候,可以稍微向左右两侧摇头。

10秒 | 表达歉意，提升对方对自己的评价

场景 6 | 给客户报出了比实际更低的价格时

想挽回错误 / 想被信任 / 想谦虚地解决问题

在10秒内被讨厌

✗ 抱歉，价格好像报错了。正确的金额是这个。

20 个字符

在10秒内被喜欢

○ 真的非常抱歉。很羞愧，是我算错了，可以允许我修改过来吗？

28 个字符

> 错误方法

✘ 不要把金钱的计算错误当作事不关己

1 过于草率地道歉 ＋ **2** 没有主语，没有责任感

> 抱歉，**1**
> 价格好像报错了。
> 正确的金额是这个。**2**

这种说话方式会让对方觉得报错价格的好像不是你，而是别人，这会让对方觉得你在转嫁责任。"**抱歉**"这种草率的道歉用语也展现了你的**不负责任**。事实上，有很多人会使用"价格好像报错了"这种似乎事不关己的表达方式。但是，这样说并不能起到道歉的效果。

对于自己的错误，摆出一副事不关己的架势会使行为矫正失败，甚至可能会使对方对你的信任度降低。

正确方法

○ 将自己作为主语，并说明原因

| 1 郑重地道歉 | + | 2 诚实且坦率地表明是自己的责任 |

> 真的非常抱歉。[1]
> 很羞愧，
> 是我算错了。[2]
> 可以允许我修改过来吗？

"真的非常抱歉"，像这样郑重地道歉，并将主语设定为自己，坦率地承认自己的错误，明确"这是我的错"，这种表达方式可能会让对方更容易理解你。而且，对方也能通过"可以允许我修改过来吗"这句话，感受到你对待错误的诚恳态度。此外，坦率地向对方吐露出自己羞愧的心情，也会成为缓解对方心情的关键。如果对方还是很生气的话，可以继续说："**我本想让您安心，所以说出了比实际更低的价格，真的非常抱歉。**"此外，在和对方商讨新的价格时，如果加上"**抱歉，可以麻烦您再确认一下这个金额吗？**"这句话，可能会让对方更加信任你。

> 和非语言性表达搭配使用吧！

承认自己的错误，认真地道歉，可以让对方重新信任你

- 将双眉的外侧稍微向下，使眉毛呈现出八字形，给对方留下"自己很为难"的印象。不过，这个表情不要保持太长时间。
- 在说"可以允许我修改过来吗？"的时候，要看着对方的眼睛，清楚地说出这句话。

10秒 | 表达歉意，平息对方的怒火

场景 7

客户已经付款却又收到了账单，于是打来电话质问时

想道歉 / 不想扩大错误 / 不想重复犯错

在10秒内被讨厌

✗ 按理说不会这样……我稍微调查一下看看。

(19个字符)

在10秒内被喜欢

○ 真的非常抱歉，这是我们的失误。我会立刻调查原因。

(24个字符)

错误方法

✘ 否定事实会使事态恶化

[1] 否定事实 ＋ [2] 轻率地应对

> 按理说不会这样……[1]
> 我稍微[2]调查一下看看。

"按理说不会这样"这种说法似乎是在说"错的是你"。当对方听到这样的回复时,自尊心会受到很大的伤害。如果你因此被对方在电话的另一端大声呵斥"你到底想干什么",那也是你自找的。

明明犯了很严重的错误,**却用"稍微"这个词来降低事情的严重性**。这种说话方式在表演心理学中被称为"**二律背反**"。这是因为,虽然你想表现出事情的重要性,但又在不知不觉间想用程度较轻的错误来顶替已经发生的事情。由于"重要的表现"和"不重要的表现"同时存在,所以会使对方陷入一种混乱的情绪,不知道该相信哪个才好。所以,请大家不要这样做。

> **正确方法**

○ 提出应对方案，展现自己的诚意

| 1 郑重地道歉 | ＋ | 2 立刻做出应对 |

> 真的非常抱歉，这是我们的失误。①
> 我会立刻调查原因。②

首先要进行道歉。而且，"我会立刻调查原因"有"我会调查我们犯错的原因"的意思，所以，应该能够向对方传达自己诚恳地承认错误的态度。这样一来，对方可能就会觉得"这是偶然的失误，这家公司其实没我想的那么差"。**经验证明：把"自己这方有错"作为前提来推进谈话，可以更快地平息对方的怒火。**

> 这种说法也可以
> 真的非常抱歉。我会立刻调查，之后会通过电话或邮件再次联系您，请问哪一种联系方式对您来说比较方便呢？

- 将对方的注意力转移到"将结果用电话或邮件告知您"这件事上，可以让对方冷静下来。
- 如果能够快速地向对方展示之后的处理方案，对方会更容易理解你，从而说出"那么就拜托你了"。

> **和非语言性表达搭配使用吧！**

打电话时的动作和行为会改变他人对你的印象

- 在快要道完歉的同时，对着电话鞠躬。这一郑重的动作一定会发出声音。
- 如果不做出动作，只是口头道歉的话，嘴的打开方式是平面的，这会使声音的厚度和幅度体现出不来，因此，会让对方觉得"只是口头道歉啊"。所以，要注意通过做动作来使自己的声音发生变化。

第3章 难以启齿的事情的表达方式

在 10 秒内顺利地说出难以启齿的事情，制造让对方聆听的契机

日本人很难说"不"，这件事早已广为人知。日本是农耕民族，有集团主义文化的传统，与集体意见一致会让自己感到安心，而一旦说出反对集体意见的话，则可能导致双方的关系恶化。

但是，无论是多么难以启齿的情况，大家都希望自己可以漂亮地说出应该说的话，并顺利地打动对方。

因此，本章内容将聚焦于"**在不使对方心情变坏的前提下，提出自己的主张，改变对方的心情和行动**"。

无论是谁，都会认为自己才是对的，因此，每个人都很难改变自己对待事情的看法和态度。10 秒内很难做到强行改变对方的想法。

但是，制造改变对方想法的契机这件事可以在 10 秒内完成。

接下来，大家就来试试看吧！

本章的 5 条规则

① 要清楚什么时候可以说不，什么时候不可以说不

想象一下，当你说了不之后，是否会使对方的心情变坏。如果对方是会因此心情变坏的人，那就不要对他说否定性的话。

② 整体肯定，再保留部分否定

整体肯定对方的意见，只否定其中的某一部分，会使对方更容易接受你的主张。

③ 不要被愤怒和焦虑的情绪所操纵

无论对方有多么难对付，都不要因此使自己的情绪失控。向对方传达自己的诚意，不能只靠感情。要时刻注意保持理性的状态与对方进行交流。

④ 提前准备好"退路"

在不让对方感受到"被说服了""被蒙骗了"的前提下，替对方找好有利于他们的退路。

⑤ 如果力不能及，就引入"局外人"

一旦陷入自己无法处理的情况中，可以把你和对方之外的另一个人的存在作为话题引入谈话，以此转移对方的注意力。

场景 1

10秒 在不降低对方对自己的评价的前提下，表达自己的意见

刚要下班，却被上司委托了花时间的工作时

想拒绝 / 想早点回去 / 但是，想维持信任

在10秒内被讨厌

✗ 抱歉，我办不到。今天已经到下班的时间了。

20个字符

在10秒内被喜欢

○ 这件事很重要。我真的很想现在完成，但是我今天身体不太舒服，明天再做可以吗？

37个字符

错误方法

✗ 一旦明确地说出自己办不到，就会给对方留下不好的印象

| 1 立刻否定 | + | 2 对对方进行严苛的指摘 |

> 抱歉，我办不到。**1**
> 今天已经到下班的时间了。**2**

想按时下班的你并没有什么错，用"抱歉"两个字来道歉并拒绝是一件很有勇气的事。但是，熟知下班时间的上司在这个时间给你分配工作，很可能有什么特殊的理由。**所以，一开始就断然说出"我办不到"，并非良策。**

在这时，应该遵守规则②"整体肯定，再保留部分否定"。

上司在即将下班的时候给你安排工作，也许是抱有一丝"他可能会留下来工作吧"（不留下来也没关系）的想法。但此时，如果你强烈地否定他，可能会使他对你的印象变差。

> **正确方法**

○ 肯定提案的同时，提出对其中的一部分进行修改的解决方案

| 1 对对方表示共情 | + | 2 表达出自己的热情并说明实际情况 |

> 这件事很重要。[1]
> 我真的很想现在完成，但是我今天身体不太舒服，明天再做可以吗？[2]

这一回答表达出了自己理解这是一件很重要的事，对上司的提案进行了"整体肯定"，所以这一回答是没问题的。提出"明天再做可以吗"这一对上司的提案进行了"部分修改"的提案，也没问题。

如果上司能注意到你的疲惫或者注意到已经过了下班时间的话，可能就会说："是吗？那你明天上班的时候先完成这个吧！加油！"

而且，如果是诚实的上司，他很可能会自己意识到在即将下班的时候给下属安排工作并不妥当。

采用上述这种说法，即使拒绝了上司的提案，也能给予对方期待，甚至可能会提高对方对你的评价。

> **和非语言性表达搭配使用吧!**

在用目光和声音表现干劲的同时，如果能展现出疲惫的神情，则可以更加顺利地拒绝对方

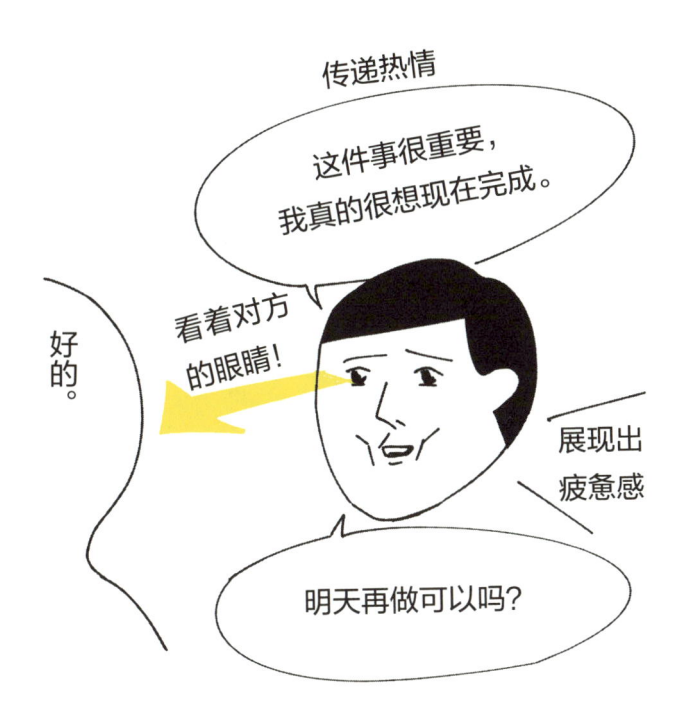

传递热情

这件事很重要，我真的很想现在完成。

看着对方的眼睛!

好的。

展现出疲惫感

明天再做可以吗?

- 看着对方的眼睛，用清晰的声音清楚地向对方传达自己的热情："这件事很重要，我真的很想现在完成。"
- 在此基础上，加入一瞬间的动作：将嘴角稍微向内收，使脸颊的肌肉向内侧凹下去，以此来表现出疲劳、困倦的样子。

场景 2：突然碰到难相处的同事时

从与难相处的同事的对话中逃离出来

尴尬 / 不想和对方有太多牵扯 / 不想被看穿

在10秒内被讨厌

✗ 早上好。最近你是红人呀。

（12个字符）

在10秒内被喜欢

○ 早上好。听说你最近被表扬了。我也想像你一样努力。

（24个字符）

> 错误方法
>
> ✗ 过度的表演会适得其反

```
[1] 表现出演技  +  [2] 假惺惺的恭维
```

（脸上浮现出完美的笑容）
早上好。[1]
最近你是红人呀。[2]

强颜欢笑并说出类似于"你是红人"这种过于夸大的评价，会让对方觉得你在耍小聪明。当你越想隐藏自己认为对方难相处的想法时，就越容易展现出夸张的言行，这样反而会让对方看透你内心的真实想法。

在我们所有的自我表现中，都包含了或多或少的演技。但是，程度不同。除了真正发自内心地想笑这种愉快的笑容，还有"社会性的笑容"。"社会性的笑容"通常发生在"现在，从我所处的情况来看，我必须微笑"这样一种场合当中。在这种场合下，要想展现出"社会性的笑容"，可以稍微动一下脸颊上的肌肉，以此来展现可以纳入微表情范畴的微笑。如果在明明没有特别高兴的状态下做出很夸张的表情，就会超过正常展示自己心情的范畴，从而成为"欺瞒性的表现"，因此要格外注意。通俗地说，这样做会让人觉得你好像在说谎。

正确方法

◯ 基于事实，说出符合自己性格的话

| 1 说出事实 | ＋ | 2 谦逊 |

> 早上好。
> 听说你最近被表扬了。❶
> 我也想像你一样努力。❷

因为"听说你最近被表扬了"本身就是事实，所以可以轻松地说出口。而且，对方也不会因此胡思乱想。另外，当你觉得某人很难相处时，往往对方也会这样想你。**不仅是善意，恶意也具有"回报性"**。在这种情况下，保持适当的社交距离也许是消除压力的秘诀。

回报性法则

人类普遍具有这样一种特质：如果想让对方为自己做某事，就会希望自己也能为对方做同样的事。拥有这种类似于"回报"的心情，被称为"回报性法则"。

这一法则不仅适用于出于善意的事情，同样也适用于令人反感和厌恶的事情。如果你觉得对方很讨厌，那么这种消极的感情就会自然地流露出来，对方也会很容易变得讨厌你。

> 和非语言性表达搭配使用吧!

说话时不要强颜欢笑,要使眼睛和嘴角处于放松状态

错误方式　最近你是红人呀。

正确方式　我也想像你一样努力。

- 从心理上来说,人们很难在祝福不喜欢的人时展现出完美的笑容。所以,当祝福不喜欢的人时,脸上所浮现出的不自然的表情会导致信息的传递出现偏差。
- 比如,明明嘴角是在笑着的,但是眼神却很牵强等。
- 放松眼睛和嘴角,坦率地说出祝福的话吧!

10秒 | 整理好自己的心情，向对方表示祝贺

场景 3 被迫听自己视为对手的同事谈论他的成功事迹时

想隐藏自己的嫉妒 / 不想被讨厌

在10秒内被讨厌

✗ 你做到啦！这也太棒了吧！我真替你开心。

(19个字符)

在10秒内被喜欢

○ 你能完成这样的事情，我真的好羡慕你！

(18个字符)

> 错误方法

✗ 不说违心的话是更加稳妥的做法

| **1** 乱用感叹词 | ＋ | **2** 过高地评价 | ＋ | **3** 在感情上说谎 |

> 你做到啦！**1**
> 这也太棒了吧！**2**
> 我真替你开心。**3**

过于夸张地称赞对方，反而会显得不自然。**自己真实的感情与夸张的称赞之间会产生一种违和感，从而使你的表情和语调变得不自然。**

此外，说出"我真替你开心"这种谎话是很危险的。人们在说违心话的时候，通常会下意识地躲避对方的视线，也正因如此，反而会暴露自己的本心。

正确方法

◯ 用坦率的真心话来称赞对方

| 1 坦率地评价 | ＋ | 2 坦率地表达感情 |

你能完成这样的事情，**1**
我真的好羡慕你！**2**

对于对手的成功，人们通常都会产生十分复杂的心情，这是再正常不过的事情。如果想把这些心情全部隐藏起来，那么言行举止就会变得不自然，反而更容易暴露出不想让对方看到的真心。在这种时候，**试着坦率地说出几句真心话吧！**因为"好羡慕！"可能就是你真实情感的一部分，所以应该不用勉强就能自然而然地说出来。

这种说法也可以

那真是太好啦。

- 如果你连"好羡慕你"都说不出口，那么可以说一句"那真是太好啦"来结束对话。
- 自然地说出这句话，就可以不被自己内心的情感所操控，之后等对方说完，就可以顺利地结束对话。

和非语言性表达搭配使用吧！

嘴角和眼睛的状态不一致，会给人留下不自然的印象

- 一旦产生嫉妒的感情，表情就会变得僵硬，会给人一种违和感。
- 请注意不要这样：嘴角是微笑着的，但眼神很冰冷。

10秒 整理好自己的心情，让别人觉得自己是大人物

场景 4 一直想担任的项目经理，却被决定由其他人担任时

想隐藏真心 / 想让别人觉得自己积极向上 / 想抓住下一次机会

在10秒内被讨厌

✗ 是吗……我一直觉得我也一定能做得很好……

（20个字符）

在10秒内被喜欢

○ 我的能力还不够。对于这次的结果，我虽然觉得有些遗憾，但是之后我会继续努力的。

（38个字符）

错误方法

✗ 否定事实，可能会降低他人对自己的评价

```
[1] 提出异议  +  [2] 任性地自我判断
```

> 是吗……[1]
> 我一直觉得我也一定能做得很好……[2]

即使对结果抱有不满，也绝对不要这样不谨慎地说出自己的不满。因为**这会被看作是单纯的"输不起"**，会使自己在背地里被他人笑话。

评价是否公正，本来就应该由周围的人来判断。作为被评价的当事人，你没有指责他人的评价公正与否的权利。最重要的是，你要展现出坦率接受评价的姿态。

正确方法

⭕ 承认自己能力不足，并且抓住下次机会

| 1 谦虚地自我评价 | ＋ | 2 立下关于今后行动的誓言 |

> 我的能力还不够。1
> 对于这次的结果，我虽然觉得有些遗憾，但是之后我会继续努力的。2

不忽视"能力不够"这一自身问题，**坦率地接受结果，会让听你说话的人觉得你很果断、勇敢。**充满干劲地说出"之后我会继续努力的"这种积极的话语，也可以转换自己的心情。

这种说法也可以
> 感谢大家一直以来的支持。虽然没有得到我期待的结果，但今后我会更加努力。

- 如果周围的人都对你抱有很高的期待，那么最好在一开始就表达出对大家的感谢之情。

和非语言性表达搭配使用吧!

用体现积极态度的表情来展现自己的干劲

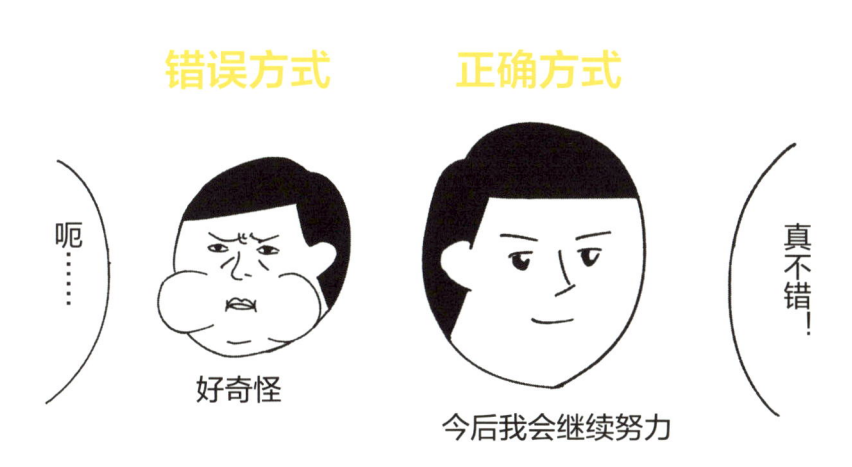

错误方式　　正确方式

呃……　　好奇怪　　今后我会继续努力　　真不错!

- 鼓起脸颊说话,会表现出自己的不满。
- 在说到"我的能力还不够"和"我会继续努力的"时,要看着对方的眼睛,与对方进行眼神交流。

场景 5　上司一直重复吹嘘自己时

10秒　整理好自己的心情，挺过这一关

不想让上司觉得自己已经听腻了／想让上司知道自己已经听过很多次了

在10秒内被讨厌

✗　那个……部长，这件事我觉得我之前好像听过了……

（23个字符）

在10秒内被喜欢

○　我觉得我比以前更能理解您了。无论听多少次，我都能从中学到东西、获得力量。

（36个字符）

错误方法

✗ 消极地说出事实，会让对方察觉你的不满

| ① 否定对方的行为 | ＋ | ② 无用地暗示 |

> 那个……部长，
> 这件事我觉得我之前好像听过了…… ❶❷

也许你是想委婉地把"事实"告诉对方，但是，当你含含糊糊地说出这句话时，**会向对方传递"因为你，我觉得很困扰"这一信息**。当上司听到这样的话之后，很可能就会对你感到不满，原本的好心情也会荡然无存。正确的做法应当是像规则②所说的那样，当你想要否定些什么的时候，首先要对其整体进行肯定，然后再对其中的一部分进行否定。

此外，表述含糊不清会给对方留下不好的印象，甚至可能会让对方觉得你是在责备他。这样一来，事情就演变成你在否定出于好心来和你聊天的上司，因此，对方对你的印象也会瞬间恶化。

> 正确方法

⭕ 在说出事实的同时，表达积极的观点

| 1 说出事实 | ＋ | 2 积极地判断和感谢 |

> 我觉得我比以前更能理解您了。<u>1</u>
> 无论听多少次，我都能从中学到东西、获得力量。<u>2</u>

　　这是最佳的回答。**在委婉地向上司传达自己"已经听过很多次了"的同时，又没有对对方进行否定。**虽然上司可能会觉得难为情，"哎？之前说过了吗？"但是当听到你这样说之后，上司的心情也会变得很好。如果你能如此灵活地应对，应该就可以成为部长喜欢的下属了。

> 这种说法也可以
> 原来是这样啊。30多岁时的辛苦，成就了如今的部长。我被深深地感动了。

- 不说出自己已经听过很多次的这一事实，只发表这种别人很喜欢听的感想，也是没问题的。
- 在说这句话时，如果能配上炯炯有神的目光、生动的表情和微微扬起的嘴角就完美了！

和非语言性表达搭配使用吧！

用满怀尊敬的神情，在不伤害对方的前提下，传达自己的真心

- 将手心向下，放在胸部稍下方的位置，然后说"我觉得我比以前更能理解您了"。
- 在说"无论听多少次，我都能从中学到东西、获得力量"时，要用炯炯有神的目光看着对方的眼睛。

场景 6：不知道对方说的专有名词的意思时

10秒 | 在不伤害自己的前提下维持信任

不想装作自己知道的样子 / 想被信任

在10秒内被讨厌

✕ 啊，是洞察力驱动啊。我经常用呢。

（16个字符）

在10秒内被喜欢

○ 我第一次听说这个词。这个词是什么意思呢？

（20个字符）

> 错误方法

✗ 如果说谎的话，之后会有很大风险

| 1 隐藏事实 | ＋ | 2 轻率地应对 |

> 啊，是洞察力驱动啊。1
> 我经常用呢。2

如果明明不知道却装作知道的样子，那么在整个对话持续的过程中，你会感到非常不自在。但是，你又不便在中途说出"还是请您告诉我这个词是什么意思吧"这句话。

实际上，它是你所不知道的关于"洞察力驱动"的话题。**在我们的自我表现中，"统一性原则"会发挥作用**。因此，虽然你没有用过，但是当你说出"啊，是洞察力驱动啊，我经常用呢"之后，在洞察力驱动这一话题存续的期间内，你的内心会一直感到十分焦虑，觉得"啊，好为难"。因此，对于不知道的事情，**不要装出一副知道的样子，尽量快速且清楚地说出"我不知道"，会让自己变得轻松**。

> 正确方法

⭕ 虚心讨教，给对方面子

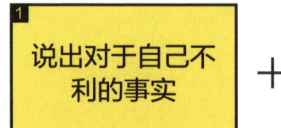

[1 说出对于自己不利的事实] ＋ [2 虚心讨教]

> 我第一次听说这个词。[1]
> 这个词是什么意思呢？[2]

不要故意装作自己知道，问出自己不知道的事情，之后的对话也会因此得以顺利进行。如果能说出"请您告诉我"，对方也会感到开心，然后告诉你"是这个意思"。

如果能够通过对方的说明，使自己的疑问全部得到解决的话，可以向对方表明"**实际上，我一直很想知道这个词是什么意思，现在知道了，真的很开心**"。这种坦率的做法会给对方留下好印象。

如果被"不知道的话，会觉得很羞愧、很愚蠢"这种可笑的成见所禁锢住，就会让来之不易的、可以学到新知识的机会溜走。如果你是没什么经验的年轻人，就更没有必要隐藏"我不知道"这一真实情况。

和非语言性表达搭配使用吧！

不要觉得羞愧，用柔和的表情向对方传达真相

> 不要觉得羞愧，看着对方的眼睛，清楚地说出来

> 我第一次听说这个词。这个词是什么意思呢？

- 对于不知道的事情，不要觉得羞愧，看着对方的眼睛说出来吧。
- 盯着对方的瞳孔说话，会让对方觉得你很有攻击性。所以，要用柔和的目光注视对方。
- 在问"这个词是什么意思呢"的时候，不要正对着对方。将自己的脖颈稍微向旁边倾斜，做出询问的姿势，这样会比较好。

第4章 给人以深刻印象的自我展示

在 10 秒内展现自己的价值并给对方留下深刻印象

你一定和同事或朋友有过这样的对话吧？

"前段时间的交流会，听说 A 公司的山田也参加了？"

"山田？我不知道这个人，他是个什么样的人呢？"

这样看来，这个山田恐怕是一个非常没有存在感的人。

如果不能让初次见面的人记住自己的名字，那么，之后和对方进行合作的机会也很渺茫。

但如果是这样呢？

"山田？啊，是有这么一个人！他好像总是站在讲台附近，和别人交换名片，笑呵呵地大声说话。"

可以想象，这位山田是能给人留下深刻印象的人。他一定是这样一个人：即使是初次见面，也能让对方记住自己的模样和姓名，并且让对方主动和自己打招呼。

无论是偶然的碰面还是正式的谈判或会议，都要给对方留下深刻的印象。而且，是在 10 秒内做到。

为此，**我们在平时就要树立形象**。"开朗的人、可靠的人、温柔的人、诚实的人、认真的人、元气满满的人"等，你要有意识地去练习，直到能够在瞬间将这些正面形象通过自己的语言和表情展现出来。接下来，让我们来看一下可以给对方留下深刻印象的规则吧！

本章的 5 条规则

❶ 提前树立自己的正面形象

不论你想展示开朗、诚实、友善、快乐，还是可靠的形象，请提前考虑好。

❷ 使用能和对方产生联系的过渡技巧

让我们通过积极地寻找和对方的共同点来构建人际关系吧！

"哎呀，你好，静冈的茶真是好喝啊。"（在静冈进行商业谈判说的第一句话）

"今天的比赛，庆应赢了早稻田呀！恭喜恭喜！"（拜访庆应大学校友的公司时说的话题）

❸ 在让对方记住自己名字这件事上下功夫

"我是言出必行的田中甲。请多关照。"（这是在我的研讨会中，某位学生进行自我介绍的真实案例）

❹ 难懂的话要简单地说

在说难懂的话之前，将它替换成大家能懂的简单语言吧！

"重要的是二人同心，其利断金。也就是说，A 和 B 一起做一件事，则可以发挥出两倍以上的效果。"

❺ 不断重复重要的话

反复说相同的事情，可以让对方感觉到这件事很重要。

10秒

表现得谦虚

场景 1 在新的工作地点进行自我介绍时

想被喜欢 / 想被了解 / 不想被讨厌

在10秒内被讨厌

✗ 我是从总公司来的山田。总公司与分公司不同,可以俯瞰全国。请大家多多关照。

36 个字符

在10秒内被喜欢

○ 我是进入公司第 5 年的山田。我对新的工作地点和工作内容还不熟悉,请大家多多指教。

39 个字符

错误方法

✗ 要注意下意识的"高人一等"的言行

| 1 对于原工作场所的优越感 | + | 2 对于自己能力的优越感 |

> 我是从总公司来的山田。**1**
> 总公司与分公司不同，可以俯瞰全国。**2**
> 请大家多多关照。

也许有人会觉得，这是一位充满干劲且非常优秀的年轻人。但是，可能会有老员工对这样的自我介绍产生反感，觉得"他真的拥有能俯瞰全国的经验吗"。所以，**请不要说大话，也不要将总公司和分公司放在一起进行比较**。这违反了规则①提前树立自己的正面形象。

即使你自己并没有意识到自己的行为有何不妥，但他人可能会因此感觉与你有隔阂。稳妥的做法是尽量避免在不经意间使用高人一等的说话方式。

正确方法

◯ 当谈到自己的经历时，选择使用谦虚的用语

| 1 表明事实 | ＋ | 2 谦虚 |

> 我是进入公司第 5 年的山田。**1**
> 我对新的工作地点和工作内容还不熟悉，
> 请大家多多指教。**2**

如果这样说，那么几乎不会有人对你产生反感，大家可能会因此猜测你是一个很能干的人。同时，也会更容易对你敞开心扉，想教你些什么。

而且，因为你在自我介绍中还谈到了自己曾经的工作地点，所以这也可以成为之后你和同事进行谈话的契机，这符合规则②。

这种说法也可以
> 我是从总公司法务部调来的山田。初来乍到，我会努力工作的，还请大家多多指教。

- 上述这种坦率的说法会很容易被接受。不要说类似于"请鞭策我"这种生硬的话。此外，注意不要用太大的声音说这些话。

和非语言性表达搭配使用吧!

紧张的表情可能会使自己说的话产生反作用

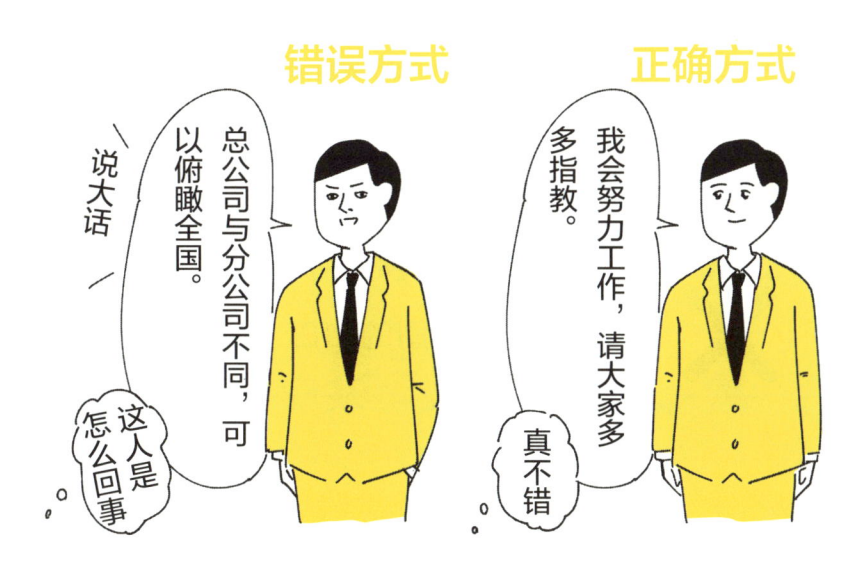

错误方式　　　　　　**正确方式**

- 说话时切忌过于紧张、言语强硬。切忌鼻孔放大、得意扬扬。
- 在说:"我对新的工作地点和工作内容还不熟悉,请大家多多指教。"这句话时,最好能和周围的人进行眼神交流。同时,在说"请多指教"时,加上点头或鞠躬的动作会比较好。

10秒 场景 2 | 给他人留下深刻印象

私下偶然遇到想签约的客户时

想被喜欢 / 想被记住 / 想和工作产生关联 / 想有后续发展

在10秒内被讨厌

✗ 啊,伊藤先生,好巧啊。您家在这附近吗?我是A公司的山田。关于之前合约的事情……

(39 个字符)

在10秒内被喜欢

○ 伊藤先生,没想到能在这里见到您,真是太荣幸了。我是A公司的田中。不知道您还记得我吗?

(42 个字符)

> **错误方法**

❌ 在私人场合遇到对方后立刻谈工作的事，会产生反效果

| 1 自以为是偶遇 | + | 2 打探对方的隐私 | + | 3 强行提出方案 |

> 啊，伊藤先生，好巧啊。**1**
> 您家在这附近吗？**2**
> 我是 A 公司的山田。
> 关于之前合约的事情……**3**

所谓"偶遇"，说到底是偶然的相遇。在这种"偶然"的情况下，如果对对方说"可以说点事情吗"，对方当然会立刻意识到是工作上的事情。所以，在这种情况下，不要说多余的话，**自然地出现在对方的视线里，然后随便说些什么，都会比立刻谈工作有效果。**

在私人场合要格外注意使用规则②，如果不找出与对方之间的共同点，就很难与对方拉近距离。

> 正确方法

◯ 传递喜悦之情，并强调与对方之间的关联

| 1 表明喜悦的心情 | + | 2 自报姓名 | + | 3 过渡 |

> 伊藤先生，
> 没想到能在这里见到您，真是太荣幸了。**1**
> 我是 A 公司的田中。**2**
> 不知道您还记得我吗？**3**

这样可以创造出让对方想起你的姓名和所属公司的契机。至于能否让对方对你留下深刻印象，则取决于你接下来的应对方法。像这个例子这样，**通过明显地表达出偶遇对方的喜悦，对方应该会因此在脑海中对你加深印象。**

通过询问对方"不知道您还记得我吗"，对方会开始思考和你的关系，从而进一步加深对你的印象。这符合规则②。

> 这种说法也可以
>
> 伊藤先生，我之前就很期待和您再次见面，能在这里遇到您，实在是太开心了。我叫田中。

- 因为只表达了自己喜悦的心情，所以不会给对方造成心理负担。
- 如果是偶然在走廊里遇见，这种说法是比较恰当的。

> 和非语言性表达搭配使用吧！

明显地表现出喜悦，可以缩短与对方之间的距离

睁大眼睛，表现出喜悦的心情

伊藤先生，没想到能在这里见到您，真是太荣幸了。

谢谢。

- 为了表现出自己喜悦的心情，请睁大眼睛吧！
- 一旦立刻开始谈工作，偶遇的喜悦会瞬间烟消云散。
- 最好的做法是：睁大眼睛，放松嘴角，然后微笑。

10秒 | 在鸦雀无声的场合下，给他人留下深刻印象

场景 3 会议因凝重的氛围而中止时

想调节气氛 / 不想变得尴尬 / 不想碍眼

在10秒内被讨厌

✗ 时间静止了哈……大家都很为难吧？我想到了一个似乎还不错的方案，大家觉得怎么样？

（39个字符）

在10秒内被喜欢

○ 那个，虽然只是我的一个想法，但如果大家愿意听一下的话，我会非常开心。

（34个字符）

> 错误方法

✗ 即使说明现在的情况，也没有任何效果

❶ 片面地对情况进行判断 ＋ **❷ 过于自信**

> 时间静止了哈……
> 大家都很为难吧？ ❶
> 我想到了一个似乎还不错的方案，大家觉得怎么样？ ❷

时间是否静止了，在场的人会自行判断，不需要你来进行说明。你没有必要把事实一个个地说出来。而且，当你说出"我想到了一个似乎还不错的方案"之后，一旦你的方案没有什么实质性内容，就会给大家留下很差的印象。

有一种演讲技巧名为"低球技巧"。即降低对方的预期，从而使自己的提案变得更容易被接受。一旦从自己口中说出"我想到了一个似乎还不错的方案"，对方就会对此抱有很高的期待，这样一来，自己的方案就会很难超出对方的预期。

正确方法

◯ 选择合适的语言：我有一个小想法

1 谦虚的防线 ＋ 2 对于结果表示感谢

那个，虽然只是我的一个想法，1
但如果大家愿意听一下的话，我会非常开心。2

通过表明"虽然只是我的一个想法"，**为自己设立了防线**。这样一来，即便大家对于你的提案存在异议，你也还有退路。

"如果大家愿意听一下的话，我会非常开心。"这句话表达了**自己积极的情感，所以，谁也无法对其进行否定**。

【这种说法也可以】 虽然可能不是理想的方案，但或许大家可以听一下我的意见。

- 因为这一说法将选择听还是不听的决定权交给了对方，所以这就变成了在会议主持人的同意下听取你的意见。在说"那么，你说一下看看吧"之后，再开始发表你的意见。
- 如果大家现在并不想听你的意见，也会由会议主持人来圆场，所以不会显得过于尴尬。

> 和非语言性表达搭配使用吧!

不要让大家抱有过高的期待,用微笑缓和现场的紧张气氛

- 不要表现出一副得意扬扬的样子,不要把事情想得过于严重,要露出微笑。
- 稍微放松嘴角,坦率地说出"我有一个小的想法"吧!

场景 4 第一次拜访客户时

10秒 给他人留下深刻印象

想给他人留下好印象 / 想为之后的合作打下基础 / 想让对方记住自己的名字

在10秒内被讨厌

✗ 铃木部长，初次见面，我是山田。这次我是为了对我们新推出的优质商品进行说明而来。

（39个字符）

在10秒内被喜欢

〇 初次见面，我是山田。我从很早以前就对贵公司的经营内容十分感兴趣。可以请您给我 10 分钟的时间吗？

（46个字符）

> 错误方法

✗ 随意的销售话语会产生反效果

| **1** 初次见面时对对方指名道姓 | ＋ | **2** 自报姓名 | ＋ | **3** 突然开始推销 |

> 铃木部长，**1**
> 初次见面，我是山田。**2**
> 这次我是为了对我们新推出的优质商品进行说明而来。**3**

是否是优质商品，这是由对方决定的。询问对方能否给自己几分钟的时间，让自己对新商品进行说明，这种做法会更好。

虽然它对于你来说是最关心的事情，但是对于初次见面的客户而言，只不过是碰巧听你说话。

事情的重要性以及商品的价值是由对方来决定的。 类似于"优质商品"这种说法，很可能被认为是自卖自夸。而一旦给对方留下这种印象，就违反了规则①。

正确方法

⭕ 提出明确的时间，抓住说话的机会

| 1 自报姓名 | + | 2 表示对对方的尊敬 | + | 3 请求对方给自己时间 |

> 初次见面，我是山田。**1**
> 我从很早以前就对贵公司的经营内容十分感兴趣。**2**
> 可以请您给我 10 分钟的时间吗？**3**

这样一来，**由于表明了自己所需要的时间，对方也会因此更容易接受你的提议。**由于一开始得到了你的夸赞，对方会更容易对你敞开心扉，也会更容易接受你接下来要说的内容。

> **这种说法也可以** 初次见面。我是田中先生介绍的山田。可以请您给我 10 分钟的时间，让我对新商品进行说明吗？

- 有被提到名字的田中先生的信用加持，可以增加自己说话内容的可信度。
- 对方可能会考虑到田中先生的立场，觉得"如果我不听的话，对田中先生也不好交代"。

> 和非语言性表达搭配使用吧!

通过表情和动作传达对对方的尊敬

将五官尽可能向外侧伸展

我对于贵公司的经营内容十分感兴趣。

名片

- 将五官尽可能地向外侧伸展,睁大眼睛,清楚地向对方传达"我十分尊重贵公司"。
- 双手稍微张开,做出像是怀抱着空气的姿势,可以更容易向对方传达自己的尊敬。

场景 5 | 在面试中,除了寒暄还要说什么

10秒 给他人留下深刻印象

想让对方对自己有好感 / 想被认为有能力

在10秒内被讨厌

✗ 您好,我是田中。在这 10 年间,我主要从事销售方面的工作。我的工作经历会对贵公司有所帮助。

43 个字符

在10秒内被喜欢

○ 十分感谢您能给我这次面试的机会。如果我有什么不足的地方,今后我会努力学习。

37 个字符

错误方法

✗ 不要吹嘘自己的经历

1 自报姓名 ＋ **2** 介绍经历 ＋ **3** 自认为可以给对方提供帮助

> 您好，我是田中。
> 在这 10 年间，我主要从事销售方面的工作。**1**
> 我的工作经历会对贵公司有所帮助。**2**

你的经历能否对你所面试的公司产生帮助，是由对方来决定的。所以，这种说法并不合适。而且，在"经历"一词中，包含着类似于"公务员精英组"[1]和"不及格公务员组"等微妙的含义，所以在初次面试中最好不要使用这个词。使用"经历"一词，可能会让面试官觉得你认为自己高人一等，会损害你在面试官心中的形象，违反了规则。

---

[1] "公务员精英组"是指通过日本国家公务员最高级别的考试，且在日本中央官厅就职的国家公务员。"不及格公务员组"是指未通过国家公务员最高级别的考试，且在日本中央官厅就职的国家公务员。——译者注

正确方法

○ 在一开始，进行可以引导对方提出问题的寒暄

[1] 为得到机会表示感谢 ＋ [2] 表露今后的意愿

> 十分感谢您能给我这次面试的机会。[1]
> 如果我有什么不足的地方，
> 今后我会努力学习。[2]

这样一来，如果面试官有想问的问题，他会在你说完上述这段话之后，接连提出他想问的问题，而你只需要回答他的问题就足够了。

在引导对方提出问题的同时，展现人格魅力吧！

（这种说法也可以）
> 非常感谢您能给我这次面试的机会。我从十几年前就对贵公司十分感兴趣。我非常珍惜这段缘分。

- 对对方足够尊重。
- "从十几年前就对贵公司十分感兴趣"，说出具体的数字，会更有说服力。

> 和非语言性表达搭配使用吧!

铆足干劲的表情也可能会被认为是"傲慢",所以要注意

错误方式

我的工作经历会对贵公司有所帮助。

正确方式

真不错!

我会努力学习的。

- 抬起下颚或放大鼻孔会给人一种"妄自尊大""傲慢"的印象,所以要尽量避免。
- 在温柔地注视着对方的眼睛的同时,使用清晰的声音以及露出温和的表情,并微笑着说出自己的工作年限和工作内容吧!这样做可以赢得对方的好感。

场景 6 — 给对方留下好印象，开启谈话

在同学会上见到了好久不见的朋友时

因重逢而感到开心 / 想知道对方的近况 / 想给对方留下好印象

在10秒内被讨厌

✗ 呀！好久不见！你是不是瘦了啊？

（15 个字符）

在10秒内被喜欢

〇 山田，咱们真的是好久没见了啊。你看起来很健康，这比什么都好。你最近怎么样？

（37 个字符）

> 错误方法

✗ 避开与外貌有关的话题

| 1 随意地寒暄 | + | 2 突然提及外貌 |

> 呀！好久不见！**1**
> 你是不是瘦了啊？**2**

如果是最近生病或者对自己的身体状况感到担忧的人，他们是不想被别人说自己瘦了的。当被别人这样说时，他们的心情可能会变得很差。

即使和对方的关系很亲密，也最好不要在一开始就提及瘦了、胖了、老了等与外貌有关的话题。想象一下旧友给自己留下的正面印象吧！

> **正确方法**

⭕ 通过开放式问题来拓展话题

> [1] 有感情地寒暄 ＋ [2] 对于对方的挂念

> 山田，咱们真的是好久没见了啊。你看起来很健康，这比什么都好。[1]
> 你最近怎么样？[2]

提出问题的方式大致分为两种，即"封闭式问题"和"开放式问题"。封闭式问题是指可以用"是"或"不是"来回答的问题，开放式问题则是可以让对方自由回答的问题。**上述这种提问方式是开放式的，并且提问者也可以借此谈起自己的近况。所以，当对方听到这样的内容时，会感到很轻松。** 而且，对方也可以接着说"好久不见，你最近怎么样？"，来继续和你对话。

> **这种说法也可以**
>
> 好久不见，见到你真开心。你最近怎么样？

- 微笑着向对方传达重逢的喜悦是很有必要的。
- 当你笑着说"真的好久没见面啦"的时候，对方也会被你的笑容打动，然后笑着说起自己的近况。

> 和非语言性表达搭配使用吧!

笑起来时显现的外眼角的皱纹可以提升亲密度

"俗称"乌鸦的足迹""

"外眼角皱出 2～3 条皱纹"

"身体健康比什么都重要!"

- 在说"身体健康比什么都重要!"时,要露出喜悦的表情。要使外眼角皱出 2～3 条皱纹,这俗称"乌鸦的足迹"。
- 在说"身体健康比什么都重要!"时,如果和对方的关系比较亲密,则可以将自己的手放在对方的手腕或手肘上,以此来表示亲近。
- 如果和对方的关系非常亲密,那么拍着对方的肩膀或者和对方握手也完全没问题。

场景 7 在婚礼上开始致辞时

在正式的场合，给大家留下好印象

想活跃气氛 / 想祝福新人 / 想给大家留下好印象

在10秒内被讨厌

✕ 像我这样的年轻人，在如此郑重的场合致辞。

20个字符

在10秒内被喜欢

○ 恭喜你们。我非常庆幸能在如此喜庆的场合致辞。

22个字符

> 错误方法

✗ 避免使用千篇一律的客套话

```
[1 千篇一律的谦逊]  +  [2 不说祝词，浪费时间]
```

> 像我这样的年轻人，**1**
> 在如此郑重的场合致辞。**2**

　　这是最常见的客套话，为此浪费 10 秒的时间非常不值。至于你是不是年轻人，大家一看就知道了。**无论是谁，都会认为花费时间对众所周知的事情进行说明是一件愚蠢的事。**如果你在婚礼上致辞时使用了上述客套话，会很难让在场的人产生共鸣。因为这违反了规则②，而且也无法施展出你的魅力。

　　在婚礼这种喜庆的场合，你需要时刻意识到：我要营造出一种喜悦的氛围。

正确方法

◯ 传达纯粹的喜悦和对获得致辞机会的感谢

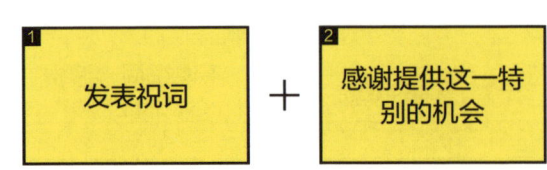

| 1 发表祝词 | ＋ | 2 感谢提供这一特别的机会 |

> 恭喜你们。1
> 我非常庆幸能在如此喜庆的场合致辞。2

当你展露洋溢着幸福的笑容一边环视着会场，一边说出这两句话时，你已经很好地将你的祝福和感谢传达给了在场的所有人。

将自己的语调、表情、动作全部调动起来，来表达自己的喜悦之情吧！

这种说法也可以
> 恭喜你们。作为新郎的同学，让我来说一下大家都不知道的、田中身上非常出色的一面吧！

- 上述这两句话，会让你瞬间成为全场的焦点。
- 即使是过分夸奖新郎，也会被大家理解成："他和新郎是关系很好的朋友""新郎有这样一位能发表如此精彩致辞的朋友，这说明新郎本人一定很优秀"。

第 4 章 给人以深刻印象的自我展示 | 123

和非语言性表达搭配使用吧!

轻轻微笑着点头表示赞同，会给大家留下更好的印象。

轻轻地鞠躬	动起你的手
点头行礼　从这里开始点头　恭喜你们。| 我非常庆幸能在如此喜庆的场合致辞。

- 从"恭喜你们"这句话最后的"你们"的部分开始轻轻点头。
- 在致辞的同时，收缩脸部肌肉，露出喜悦的表情。
- 通过手部动作来表达喜悦也是没问题的。

修正错误的印象

10秒 场景 8

明明是自己擅长的领域,却被客户说"你不太擅长吧?"

想化解误会 / 想被认为有能力 / 想继续合作

在10秒内被讨厌

✗ 我并没有不擅长。相反,我从事了3年网页制作的相关工作,这是我最擅长的领域。

(37个字符)

在10秒内被喜欢

○ 很抱歉,我没能清楚地进行说明。网页制作是我擅长的领域。请让我来帮助您吧。

(36个字符)

> 错误方法

✗ 否定事实也意味着否定对方

| 1 强有力的否定 | + | 2 修正错误印象 |

我并没有不擅长。[1]
相反，我从事了 3 年网页制作的相关工作，这是我最擅长的领域。[2]

虽然你说的可能是事实，但如果你一味地纠结于对方说你"不擅长"这件事，很可能会被对方认为是没有度量的人。对方可能会觉得："这件事真的值得他如此义正词严地进行抗议吗？"

在你否定了对方的观点之后，你又指出了对方的错误。**这种做法将不可避免地演变为：你在和对方唱反调。**

此外，自满地说"这是我最擅长的领域"也并非良策，这会让对方更加强烈地意识到你在否定他。

正确方法

⬤ 进行道歉并采取补救措施

| 1 进行道歉并说明事实 | ＋ | 2 温柔地建议 |

> 很抱歉，我没能清楚地进行说明。
> 网页制作是我擅长的领域。**1**
> 请让我来帮助您吧。**2**

"很抱歉，我没能清楚地进行说明。"这句话将对方的过错（对方对于你的误解）揽在了自己身上，是一种很好地展现了"分离—危机—行为矫正—再结合"的表达方式。

因为在一开始就针对"没能清楚地进行说明"道了歉，所以，你接下来说的内容会更容易被对方接受。 而且，因为你先说了"请让我来帮助您吧"，所以对方会更容易接受你的建议。

此外，上述这种说话方式可以使对话更加自然地继续下去。对方可能会接着问："欸？那你之前都做过什么呢？"

不刻意反驳对方，而是针对这个话题发表见解也是不错的做法。比如，向对方提议说："要想尽快做出这个格式，还可以采用这种方法。"对方听了之后，也许就会意识到是他自己之前误解你了。

和非语言性表达搭配使用吧！

保持柔和的语调和表情，不要过于吹嘘自己

> 很抱歉，我没能清楚地进行说明。网页制作是我擅长的领域。

（一时疏忽了）

轻轻点头

- 当你意识到是自己"一时疏忽了"的时候，要轻轻地点头。
- 最后，用平缓的语调说出"如果您能允许我帮忙的话，我将非常荣幸"来结束对话会比较好。

场景 9 自己想出的企划案却被认为是依靠团队的力量

10秒 给他人留下深刻印象,提升他人对自己的评价

想获得好评 / 不想被讨厌

在10秒内被讨厌

✗ 前段时间的企划书,其实最初是我的创意。

(19个字符)

在10秒内被喜欢

○ 我很开心我们的企划案能够通过。今后,如果有问题的话,请您随时联系我。

(34个字符)

> 错误方法

✗ 看似坦率的自夸实际听起来很幼稚

| 1 对方不想听到的回答 | ＋ | 2 急于表现自己 |

前段时间的企划书，
其实最初是我的创意。**1 2**

　　这大多是想受到关注的人才会说的话。明明没有人问是谁做的，却主动站出来说"是我做的"。虽然无论是谁都想得到关注、都想获得他人的认可，但是，一旦说出这句话，就会给对方一种"他很想受到关注"的印象。**不抢功才是稳妥的做法。**遵守规则①，维持自己在他人心中的正面形象吧！

正确方法

⬤ 表达对于整个团队的感谢，暗示自己的贡献

| 1 对团队的感谢 | ＋ | 2 毫不吝惜地做出贡献 |

> 我很开心我们的企划案能够通过。**1**
> 今后，如果有问题的话，请您随时联系我。**2**

通过"我们"一词，向对方传达"我也是团队里的一员，我也是当事人"这一信息。在此基础上，如果能自信地说出"如果有问题的话，请您随时联系我。"对方当然就会明白你是有实力的人，会对你多加关注，甚至记住你的名字。

这种说法也可以
> 我很开心自己做的工作能受到这样的关注。谢谢你们。

- 在心理学中，有"预先感谢"这一技巧。先假定某件事已经发生，然后对对方表示感谢。这样一来，对方就会注意到你。
- 比如，在蔬菜店买东西时，老板并没有给你优惠。但你可以先笑呵呵地说："如果能给我优惠的话，我就太开心了。"这种做法完美地诠释了什么是"先下手为强"。

> **和非语言性表达搭配使用吧！**

上下挥动双拳，可以更好地传达喜悦之情

（我很开心我们的企划案能够通过。）

（在5～6厘米的范围内上下挥动双拳）

- 在说"我很开心"时，双手轻轻握拳，然后在5～6厘米的范围内上下挥动双拳，以此来表达自己当下的喜悦心情。
- 如果扯着嗓门，大声地说"如果有问题的话，请您随时联系我"，会听起来像是在参加竞选，所以要注意：在说这句话时，声音不要太大。

场景 10 偶然从上司那得到了想要的礼物时

10秒 表达感谢，维护关系

想表达喜悦之情 / 想提升在上司心中的好感度

在10秒内被讨厌

✗ 真的很不好意思，我也没做什么事。这份礼物给我太浪费了。

（27个字符）

在10秒内被喜欢

○ 谢谢您送我这份礼物。我真的一直很想要这个。您是怎么知道的呢？

（30个字符）

错误方法

✗ 如果没能传达自己的感动之情,即便非常有礼貌,也是不够的

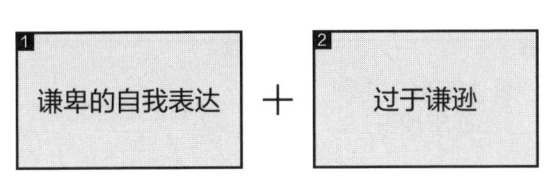

| ① 谦卑的自我表达 | ＋ | ② 过于谦逊 |

真的很不好意思,我也没做什么事。❶
这份礼物给我太浪费了。❷

　　这种说法在语法上是没有问题的,而且也显得非常有礼貌。但是,**明明收到了一直想要的东西,你却没有传达出自己的感动之情。发自内心的感动和露出笑容,才是对方想要看到的。**

　　而且,过于谦逊会和对方产生距离感。这样一来,就违反了规则②。

正确方法

○ 表现出非常惊讶的模样,之后进一步展开话题

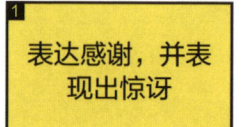

| 1 表达感谢,并表现出惊讶 | + | 2 开启之后的对话 |

> 谢谢您送我这份礼物。我真的一直很想要这个。[1]
> 您是怎么知道的呢?[2]

在问对方"您是怎么知道的呢"时,**要面带笑容、声音洪亮,并看着对方的眼睛**。这样一来,对方可能就会开心地说,"其实我之前就知道了"之类的话。

如果你和上司关系很好的话,采用下述这种说法也可以。

> 这种说法也可以：(握紧自己的双手)啊!太感谢了!我可以打开吗?我真是太幸福了。

- 如果能表现出这种程度的喜悦,对方就有可能之后还会想要送你礼物。
- 形成良性循环。当感受到你的喜悦之后,对方也会变得开心,而你也会因为对方的开心而变得更加开心。

> 和非语言性表达搭配使用吧！

表达真实的惊讶之情

（缓慢、清晰地说）

（我真的一直很想要这个。）

（我也很开心呀！）

- 不要轻声细语地说，而要用缓慢、清晰的口吻说出"我真的一直很想要这个。"，以此来表达自己的感激之情。
- 在说完"我真的一直很想要这个。"之后停顿一下，可以更好地表现出自己的惊讶。
- 在说完自己想说的话之后，停顿1~2秒，效果会更好。

第 5 章 与对方共情

在 10 秒内与对方心意相通、成为朋友

下述内容是我的某位研讨会参与者的真实经历。

他是经营着一家律师事务所的律师。他患有大肠癌,并决定接受手术。有一次,当他向他的一位律师朋友询问手术相关的事情时,他的律师朋友说:"啊,是 S 医院吗?我有个朋友在那里做了大肠癌的手术,遭了不少罪。"

他听了之后感到很失望,觉得这位朋友说话无所顾忌。

即使这位朋友说的关于 S 医院的事情是真的,他也不应该对即将做手术的人这样说。

与对方共情,需要的不是事实,而是感情。

你需要准确地感知对方的心情,并慎重地思考自己该说些什么才能和对方共情、才能鼓励对方。

喜怒也好,哀乐也罢,进一步地感知对方的心情吧! 那么,怎样才能让对方觉得"你能懂我,真是太好了。"怎样才能和对方心意相通、成为朋友呢?

让我们在下一页来学习这些规则吧!

本章的 5 条规则

① 不要做出瞬间否定对方的反应

如果你还没有和对方建立起信任感的关系就迅速否定对方，会给对方留下不好的印象，甚至会被对方讨厌。

② 理解对方的思维方式，并重复其说话内容

当你认真聆听对方说话时，对方也会感受到你的真心。

③ 说出自己所感受到的"表达感情的词语"

当听完对方的倾诉后，请说出像是"开心"或"难过"这种表达感情的词语。当对方意识到你能够了解他的心情之后，他也会更容易对你敞开心扉。

④ 在开始说话前，先停顿一下，将感情融入自己的表情和声音里，并选择有诚意的语句

区别同情（sympathy）和共情（empathy），可以更好地传达心情。

⑤ 不要立刻否定对方的想法

当对方的想法很明确时，如果说出给对方泼冷水的话，毫无疑问会被对方讨厌，还会让对方觉得你没有责任感。

表达悲伤和哀悼之情

场景 1 当上司说"我的搭档去世了"时

想表达自己悲伤的心情 / 想安慰上司

在10秒内被讨厌

✗ 那可真够受的。转换心情,重新振作起来吧!

（20个字符）

在10秒内被喜欢

○ 这样啊……虽然我没有经历过类似的事情,但可以想象您会有多难过。

（31个字符）

错误方法

✗ 在重大的事情面前，要避免轻率的鼓励

| 1 确认令人难过的事实 | + | 2 提出拙劣的对策 |

> 那可真够受的。1
> 转换心情，重新振作起来吧！2

对处于极度悲伤的人说这种话是非常不谨慎的。即使对方能理解你是想鼓励他，但也会在内心深处觉得"我怎么可能这么快就转换好心情啊"。

转换心情、重新振作，是在消化悲伤的心情之后才能做到的事情。所以，作为下属，你不该以一副事不关己的样子说出这种话。**强行引导对方转换心情，反而会伤害对方**。这种做法违反了规则①。

正确方法

⭕ 停留在与对方共情的状态

| 1 靠近对方 | ＋ | 2 充分地与对方共情 |

> 这样啊……[1]
> 虽然我没有经历过类似的事情，但可以想象您会有多难过。[2]

在这种情境下，只需要说一句"可以想象您会有多难过"，将对方传达给你的心情，再原封不动地表达出来就足够了。你不需要再多此一举地去鼓励对方。

此外，在这种情境下，**要用低沉的声音和缓慢的语速说话**。如果用高亢的声音喋喋不休地说个没完，那么无论你说出了多么能与对方共情的话语，都有可能会让对方感到不舒服。在这种非常微妙的场合下，要尽可能谨言慎行。

> **这种说法也可以** 这样啊……我一点儿也不知道这件事，真的非常抱歉。您一定很难过吧。

- 当你向对方传达了"我是刚刚才知道"的这一信息之后，这可以成为你没办法立刻找到合适的话来安慰对方的正当理由。

> 和非语言性表达搭配使用吧！

说话时进行适当的停顿，可以更好地与对方共情

为了表达自己能与对方共情，适当的停顿很有必要

这样啊……

- 为了在"这样啊……"这句话中融入自己的感情，需要在说完这句话后进行适当的停顿。
- 为了避免自己喋喋不休地说出接下来的结论，需要适当地停顿，并流露出一副自己也在感受那种悲伤的表情。

场景 2 听到朋友说他被诊断患有癌症的消息时

10秒 共情对方的悲伤

想为对方带来力量 / 想鼓励对方 / 想和对方共情

在10秒内被讨厌

✗ 哎？不会吧！不过，如今即使是癌症也有六成以上的治愈率。你也一定没问题的。加油！

39个字符

在10秒内被喜欢

○ 你一定很痛苦吧。如果有什么我能为你做的事情，请一定要告诉我。

30个字符

> 错误方法

✗ 理性的说明会让对方感到不舒服

| 1 惊讶 | + | 2 提示数字 | + | 3 没有根据的保证 |

> 哎？不会吧！ **1**
> 不过，如今即使是癌症也有六成以上的治愈率。**2**
> 你也一定没问题的。加油！ **3**

　　我曾以许多患者为对象进行过问卷调查。调查结果显示，大多数人在刚刚被告知自己患有重大疾病后，即使有人用数字对其进行说明，他们也完全听不进去。**在因为完全没有预想到的事情而受到打击时，理性的说明是没有任何意义的。**

　　在说话的一方看来，"因为有六成以上的治愈率，所以你也一定没问题"这句话也许是完全没问题的。但是，对于患病的一方来说，在他们刚刚听到这个诊断结果之后，是没办法将六成这一数字作为有意义的数字听进去的。这句话对于他们来说只不过是没有任何说服力的安慰。

　　这样一来，上述说法就相当于否定了对方，违反了规则①。

正确方法

⭕ 提供恰如其分的帮助，与对方共情

| 1 与对方共情 | ＋ | 2 提议帮助对方 |

> 你一定很痛苦吧。**1**
> 如果有什么我能为你做的事情，
> 请一定要告诉我。**2**

　　因为对方受到了巨大的打击，所以当下最重要的是先说出**对方能接受的话语**，让对方感受到自己想要理解对方的心情。虽然也会有人想要鼓励对方，对对方说"我会成为你的依靠"等，但是，有时这种鼓励可能会让对方觉得你在命令他，你在替他做决定。

这种说法也可以

> 是这样啊。这对你来说一定是一个很大的打击。可以更详细地和我说说吗？

- 如果你和对方的关系非常亲密，考虑到对方可能想让你成为他的听众，所以你问一下也无妨。
- 当对方对你说"我想自己静一静"时，不要执拗地想为对方排忧解难，你只需要对对方说"等你想说的时候可以随时找我"就足够了。

和非语言性表达搭配使用吧!

通过八字眉来表达深切的悲伤

- 在说"你一定很痛苦吧"的时候,将两眉的眉尾向下、眉头向上,做出非常悲伤的表情。
- 以八字眉配合缓慢的语速说话。在说:"请不要有所顾虑,尽管和我说"的时候,要看着对方的眼睛,传达自己的真心。

10秒 · 缓解对方的负面情绪

场景 3　和心情烦躁的上司说话时

想稳妥地处理 / 不想踩到"雷区" / 希望对方能转换心情

在10秒内被讨厌

✗ 那个，请问发生了什么吗？我觉得您和平时不太一样。

（24个字符）

在10秒内被喜欢

○ 早上好。正好我现在在泡茶，您要喝一杯吗？

（20个字符）

错误方法

✗ 随意下定论会让对方更加烦躁

| 1 "侵入"对方的心情 | + | 2 过于直率的感想 |

> 那个,请问发生了什么吗? 1
> 我觉得您和平时不太一样。 2

对于上司来说,没有什么比被自己的下属看出自己"和平时不一样"更出乎自己意料的事情了。即使是平时,作为上司,听到下属这样说也会感到烦躁,更别提当上司本来就很烦躁的时候,这句话就如同火上浇油。

像"您和平时不一样"这样,当你对对方的心情或状态进行**主观判断**时,如果对方是你的上司或长辈,则很可能会起到反效果。这也是称赞这一行为的难点所在。因为当低位者称赞高位者时,明明称赞了对方,对方却并不会觉得自己被称赞了。所以,当你作为低位者要对高位者的心情或状态进行判断时,要格外谨慎。

正确方法

⭕ 像平时一样打招呼，同时转换气氛

| 1 像平时一样打招呼 | ＋ | 2 若无其事地转换气氛 |

> 早上好。[1]
> 正好我现在在泡茶，
> 您要喝一杯吗？[2]

当上司心情不好、周围的气氛十分压抑时，如果你想改变气氛，那么像这样若无其事地和对方说话，无疑是一种稳妥的做法。但是，**如果你想使对方的情绪高涨起来，而用一种高亢明亮的声音来说这几句话，则会起到相反的效果。**

这种说法也可以
> 关于昨天开会时总结的资料，我之后再向您汇报吧。

- 当你有不得不向心情不好的上司汇报的事情时，不要急于汇报，先若无其事地提出更改汇报时间的建议，也不失为一种好的做法。上司的心情越不好，就会越不想听报告，所以，这一建议也算是顺水推舟。

第 5 章 与对方共情 | 151

> 和非语言性表达搭配使用吧！

找借口搭话，转换气氛

开朗的表情

正好我现在在泡茶，您要喝一杯吗？

嗯。

- 用开朗的表情和对方说话。
- 一开始先看着对方的眼睛说话会比较好。
- 在问"您要喝吗"的时候，轻轻歪头，做出询问对方的动作。

10秒 | 与对方共情

场景 4 和心情不好的妻子说话时

想改变对方的心情 / 不想踩到"雷区"

— 在10秒内被讨厌 —

✗ 发生什么了？我也很累啊。就算你摆出那种表情，我也不知道你是怎么了。

(33个字符)

— 在10秒内被喜欢 —

○ 发生什么了吗？如果我能帮上忙的话，试着和我说说看吧。

(26个字符)

> **错误方法**

✘ 批判心情不好的一方,是本末倒置

| ① 和对方争论 | ＋ | ② 以自我为中心,说出自己的困惑 |

> 发生什么了?
> 我也很累啊。①
> 就算你摆出那种表情,我也不知道你是怎么了。②

"发生什么了",当你觉得自己说出这句话就已经表达了对对方的关心时,在下一个瞬间,你就设起了防线,说"我也很累啊",进而说出"就算你摆出那种表情,我也不知道你是怎么了"。这听起来像在批判对方。像这种完全**以自我为中心的说话方式只会让妻子感到失望,并且让她的心情越来越差**。这种说话方式违反了规则⑤。

"我也很累啊"这种以自我为中心的表达方式,会让对方意识到你是一个以自我为中心的人。对方会觉得,你根本不会听她倾诉,反而在你和她之间建起了阻碍沟通的高墙。

> 正确方法

◯ 将主导权交给对方，并靠近对方

```
[1 提供开启谈话的契机] + [2 提供能与对方共情的帮助]
```

发生什么了吗？ [1]
如果我能帮上忙的话，试着和我说说看吧。 [2]

通过使用"如果我能帮上忙的话"这种谦虚的表达方式，**将主导权交给对方，也是靠近对方的一种方式。**这种表达方式不会给对方一种你高人一等或你在命令对方的感觉，所以，对方会更容易对你敞开心扉。

此外，不去打扰对方也是一种体贴对方的方式。当你发现对方心情不好，或者和平时不太一样时，不要逼问对方发生了什么。你可以自始至终装作和平时一样，随意地问一句："**到了遛狗的时间了，要不要现在出去遛狗呀？**"这样做会比较稳妥。但是，归根结底，需要你观察当时的气氛，然后向对方提出建议。如果你全然不顾对方当时的心情，向对方提出要求，比如质问对方"晚饭还没好吗？"，很可能会让对方暴怒，所以要多加留意。

和非语言性表达搭配使用吧！

注视对方的时间越长，越能传达对对方的关心

- 在问"发生什么了吗？"的时候，请一直看着对方的眼睛，以示关心。
- 为了表示关心，不要只是随意地瞥一眼，而要一直看着对方。我曾经做过相关的实验，实验结果表明：如果能在 1 分钟内有 32 秒的时间一直看着对方，对方就能够感受到你的关心。

10秒 场景 5 与对方共情

和烦恼的丈夫说话时

想成为对方的力量 / 想听真心话 / 想帮助对方减轻烦恼

在10秒内被讨厌

✗ 你在公司做了什么错事吗？能让你烦恼，可真是稀奇。到底怎么回事？

(31个字符)

在10秒内被喜欢

○ 你看起来和平时不太一样，我有些担心。如果你觉得我能理解你的话，可以说给我听听吗？

(40个字符)

> 错误方法

✗ 不要认定对方有过错

```
[1] 质问和责备  +  [2] 随意地对对方的性格下定论
```

> 你在公司做了什么错事吗？[1]
> 能让你烦恼，可真是稀奇。[2]
> 到底怎么回事？

一旦你做出了消极的预判，对方一定会因此和你闹情绪。即便你说的是事实，对方也绝对不想从一个不了解他工作的人那里听到这句话。而且，这种说法也否定了对方的想法，违反了规则⑤。**不过度干涉对方工作上的事情，是更加稳妥的做法。**

此外，"能让你烦恼，可真是稀奇"这种随意下定论的做法也并不好。实际上，对方可能每天都有许多烦心事，只是为了不让你担心，所以才从不在你面前表露出来。而你一旦这样说，就相当于辜负了对方对你的体贴。

正确方法

⭕ 告诉对方你注意到了他的变化

| 1 表示担心 | + | 2 提出想和对方一起分担 |

> 你看起来和平时不太一样，我有些担心。[1]
> 如果你觉得我能理解你的话，可以说给我听听吗？[2]

如果对方只肯说出大致的情况，**你可以向对方表明"我很担心"，这种饱含爱意的话语，是对方当下想要听到的话**。如果对方打从心底认为公司的事情是自己的事情（与你无关），可能会说"没那回事，我和平时一样"。但其实，你能给对方留有说出这种话的余地，也是你能与对方共情的一种表现。所以，在这种情况下，哪怕对方没有向你倾诉烦恼，他也会十分信赖你。

这种说法也可以
> 我打算开始做晚饭了，现在开始做可以吗？

- 如果你能看出来对方想让你倾听他的烦恼或抱怨，则可以采用这种说法，给对方一个开始向你倾诉的台阶。

和非语言性表达搭配使用吧！

说话时进行适当的停顿，可以表现出担心的心情

- 在说到"如果你觉得我能理解你的话，可以说给我听听吗？"时，可以停顿一下，以此来表现出自己担心的心情。
- 用缓慢的语速说话。如果语速过快，很可能会被对方顶撞说"反正你也不懂"。

场景 6 ｜ 10秒

理解对方消沉的心情

和因不如意的工作调动而沮丧的同事说话时

想鼓励对方 / 想让对方振作起来

在10秒内被讨厌

✗ 虽然现在很辛苦，但也许这其实是一次锻炼自己的好机会呢？

（27 个字符）

在10秒内被喜欢

○ 我听说你要被调去其他地方工作了。也许你会有各种担心，但你可以随时向我倾诉。

（37 个字符）

> 错误方法

✕ 随意的、积极的发言会给人一种事不关己的印象

1 先入为主地判断 ＋ **2** 过早提出积极的观点

虽然现在很辛苦，**1**
但也许这其实是一次锻炼自己的好机会呢？**2**

对于因为明显的降职而备受打击的对方来说，他应该不会觉得这是一次好机会。即使你的出发点是想让对方振作起来，但是在这种情况下，**随意的、积极的发言恰恰证明了你只是把这件事当作事不关己的事情**。因为你说出了与对方的心境完全相反的话，所以违反了规则③。对方也会感受到你并没能理解他的心境，所以只会对你感到生气，并觉得"你的关心真是多余！"

正确方法

◯ 与对方共情，并提出帮助对方的方案

① 与对方共情	＋	② 提出恰当且真诚的帮助方案

> 我听说你要被调去其他地方工作了。
> 也许你会有各种担心，①
> 但你可以随时向我倾诉。②

如果是很明显的降职，你不需要刻意地避开这个话题。你只需要让对方看到你把这件事当作一件不好的事来看待就好，这样也会显得更加自然。对于对今后感到非常不安的对方来说，当你对他说"你可以随时向我倾诉"时，他会把你看作非常值得信赖的人。

此外，在这种场合下，直接坦率地说"我不知道该怎样和你说才好"，也能打动对方的心。

比如，"虽然我不知道该怎样和你说，但是，我会在心中为你加油！"应该没有人会把对自己说这句话的人看作敌人。

> 和非语言性表达搭配使用吧！

为了表现出你的担心和体贴，说话时要温柔地注视着对方

温柔地注视着对方

也许你会有各种担心，但你可以随时向我倾诉。

谢谢。

- 在说这句话时，眼周可以稍微用力。
- 温柔地注视着对方的眼睛。

10秒 场景 7 鼓励对方

听到同事用心写的企划书第三次被否决时

肯定对方的努力 / 提高对方的干劲

在10秒内被讨厌

✗ 哎？明明你都那么努力了。你是不是再也不想写了？

(23个字符)

在10秒内被喜欢

○ 这也太不容易了。但是，我相信如果是你的话，之后还会继续加油的。

(31个字符)

> **错误方法**

✗ 不要随意地猜测对方的心情

| 1 表示惊讶 | ＋ | 2 在伤口上撒盐 | ＋ | 3 让对方感到愤怒 |

> 哎？ **1**
> 明明你都那么努力了。**2**
> 你是不是再也不想写了？**3**

作为一个备受打击的人，对方也许是为了能让自己振作起来，才下了很大的决心告诉你"自己的企划书被否决了三次"这件事。但你听了之后却说出了"你是不是再也不想写了？"**这种消极的话，只会让对方怒上心头**。这样一来，事情就演变成你否定了对方的想法，违反了规则⑤。

即便对方在和你说这件事之前已经完全陷入了沮丧的状态，但当他被作为局外人的你说"已经没办法了"的时候，还是会怒火中烧。

正确方法

⭕ 与对方共情，说出积极向上的话

| 1 与对方共情 | + | 2 积极的鼓励和信任 |

> 这也太不容易了。**1**
> 但是，我相信如果是你的话，之后还会继续加油的。**2**

虽然这种说法也在给对方下定义，但是是在一种积极的方向上定义对方。而且，像"我相信你"这种以说话人为主语的说话方式，让对方反感的可能性会比较低。

从"提交了三次企划书"可以看出，这是对方花费了很多心血做出的企划。而且，对方也一定觉得自己努力得还不够。在这种情况下，这种说法可以向对方传达**"我和你的心情是一样的"这一信息，以此来鼓励对方**。所以，这可以说是一种非常好的应对方法。

当你对失去自信的对方感到担心时，可以再加上一句**"如果有我能帮上忙的地方，你可以随时和我说"**，以此来给对方勇气。

> 和非语言性表达搭配使用吧!

"停顿"和"语速的快慢"可以传达担心和鼓励

- 在说完"很辛苦吧"之后,需要停顿一下。
- 在说"我相信如果是你的话,之后还会继续加油的"的时候,要提高音量,并且看着对方的眼睛。如果方便的话,还可以用手触碰对方,效果会更好。

场景 8 下属谢绝新的工作机会时

10秒 理解对方的不安感，引导对方接受挑战

想给对方信心 / 想让对方发自内心地愿意接受

在10秒内被讨厌

✗ 哎？这是千载难逢的机会，你不去不是浪费了吗？

22个字符

在10秒内被喜欢

○ 是不是因为这是第一次，所以没有自信呢？如果是因为这个的话，我会全力帮助你的。

38个字符

错误方法

✗ 将自己的想法强加于人，反而更容易被拒绝

| 1 不听对方的想法 | ＋ | 2 做出片面的判断 |

> 哎？
> 这是千载难逢的机会，[1]
> 你不去不是浪费了吗？[2]

"你不去不是浪费了吗？"这归根结底不过是说话人自己的判断。对于下属来说，正因为比起"浪费"，"没有自信"的想法更为强烈，所以，他才会谢绝这次机会。因此，你越强调"浪费"，就越难以与对方共情。这违反了规则⑤。

> 正确方法

○ 提出能为对方缓解不安的建议,并表示理解

| ① 理解对方的心情 | ＋ | ② 允许对方有其他理由,并表示今后会帮助他 |

是不是因为这是第一次,所以没有自信呢? ①
如果是因为这个的话,我会全力帮助你的。 ②

在这种场合下,重复"没有自信"这一下属的现状,并表现出对于他的理解,是非常重要的。在此基础上,提出"我会全力帮助你",可以让下属感到安心,是一种很好的做法。

虽说如此,在这种情况下,如果强行让下属立刻回答"是"或"不",得到"是"这一回答的可能性会很高。所以,**如果你想让对方坦率地说出自己的想法,秘诀是采用"怎么样"这一开放式提问方法**。这样一来,你就可以根据对方回答的内容来决定自己接下来说什么。

如果以教导下属为目的,那么也可以这样说:"**是这样啊。我记得我也有过类似的经历,但当时我下定决心去做了,也因此收获了自信。**"将自己的经历如实地告诉下属,至于该如何理解和判断,则全部由下属自己决定,这也不失为一种好方法。

> **和非语言性表达搭配使用吧!**

温柔的目光和笑容可以让对方感受到你能与他共情

温柔地

我会全力帮助你的。

- 在说完"是不是因为这是第一次,所以没有自信呢?"之后,停顿一下,然后注视对方。但是,不要用质问般的目光注视他。
- 要露出微笑,并温柔地说"我会全力帮助你的"。

场景 9 · 10秒

共情对方的喜悦，为今后的关系打下基础

听到上司的女儿考上了好大学时

想传达喜悦／想提升自己在上司心中的好感度

在10秒内被讨厌

✗ 不愧是部长您的女儿。一定是遗传了您优秀的基因。

（23个字符）

在10秒内被喜欢

○ 恭喜您。这可真是一件大喜事！您之前一直那么担心，现在听到这个消息，我也替您感到开心。

（42个字符）

> 错误方法

✗ 不要愚昧地提到家族基因

```
[1] 祝词  +  [2] 随意对对方的私人事情下判断
```

不愧是部长您的女儿。**1**
一定是遗传了您优秀的基因。**2**

即使你比上司年长,也不要以一种高人一等的姿态来说上司女儿的事情。

而且,唐突地提到遗传基因,会使对话变得敏感,所以要避免使用这种表述方式。

此外,在这一两句话里,并没有融入你的感情。**为了表现出共情,你需要向对方传达你的感情。**就像规则③所说的那样:说出自己所感受到的"表达感情的词语"吧!

正确方法

◯ 当成自己的事情，并表达喜悦

| 祝词 | + | 表达喜悦的心情 |

> 恭喜您。[1]
> 这可真是一件大喜事！
> 您之前一直那么担心，现在听到这个消息，我也替您感到开心。[2]

在这种场合，**最好的做法就是坦率地说出自己的感想**。只需要将自己和对方一样开心这件事通过 I message 表现出来，就能充分地向对方传达你喜悦的心情。

这种说法也可以
> 恭喜您。我的女儿还没有考上理想的大学，可以问一下您有什么秘诀吗？

- 如果你也有一个女儿，可以像这样兴致勃勃地请教上司。上司应该会开心地和你分享他的经验。
- 一个人所能感受到的最大的幸福莫过于他人可以共情自己的喜悦，替自己感到开心。如果你想一下子抓住上司的心，就去学习并掌握与他人共情的技巧，并且千万不要错过上司开心的瞬间。

> 和非语言性表达搭配使用吧!

不会令人讨厌的笑容,可以传达喜悦之情

愉快的表情

恭喜您。

也可以轻轻抬起双手

- 在说"恭喜您"时,要露出愉快的表情。
- 可以轻轻地、小幅度地抬起双手。

场景 10　听到上司晋升时

10秒 向对方传达祝福，为今后的关系打下基础

想祝福对方 / 想表示感谢

在10秒内被讨厌

✗ 恭喜您。这是您进一步飞升的机会呀。

(17个字符)

在10秒内被喜欢

○ 部长，我想代表整个团队恭喜您。另外，请您多保重身体。

(26个字符)

> 错误方法

✕ 即使是开心事,也不要将自己的看法强加于人

| 1 祝词 | + | 2 随意、僭越地做出判断 |

<u>恭喜您。</u>❶
<u>这是您进一步飞升的机会呀。</u>❷

即使是晋升,你也并不清楚上司本人是否把这次晋升理解为"进一步飞升的机会"。在这种情况下,**身为下属的你却说出这样的话,这是明显的逾矩行为**。像这样随意地做出判断,很可能会演变成否定对方的想法,从而违反规则⑤。

此外,如果一味地强调这件事,可能会给对方造成压力,让对方感到痛苦。所以,要避免将自己的想法强加给对方。

正确方法

〇 不要只传达自己的心情，要连同周围人的心情一起传达

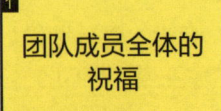

| 1 团队成员全体的祝福 | + | 2 真诚地对上司的健康表示关心 |

> 部长，我想代表整个团队恭喜您。**1**
> 另外，请您多保重身体。**2**

如果祝福过于浮夸，就会被上司误认为你是在献殷勤。但是，对上司说："**部长，我想代表整个团队恭喜您**"，可以规避这种风险。而且，这样说还可以向上司展现团队的凝聚力。作为带领整个团队的人，上司听到之后应该会非常开心。除此之外，再加上"请您多保重身体"这句话，能给上司留下好印象。

实际上，我的一位客户曾经遇到过同样的情况。当时，他的下属对他说："**恭喜您晋升。我们大家都很依赖部长您，您离开之后我们一定会觉得很怀念，但还是请您继续加油。**"他听了之后感到非常开心。他笑着对我说，下属所说的"您离开之后我们一定会觉得很怀念"这句话，让他对于他自己之前所做的工作感到非常骄傲，所以他很开心。大概没有人会讨厌别人对他说"你不在的话，我们会觉得很怀念"，所以，这句话可以说是最好的临别赠言。

> 和非语言性表达搭配使用吧!

用毕恭毕敬的口吻传达祝福

部长,我想代表整个团队恭喜您。

请您多保重身体。

为了清楚地将自己的想法传达给对方,说话时要吐字清晰

- 在说"部长,我想代表整个团队恭喜您"的时候,要郑重其事地说。
- 在说"请您多保重身体"的时候,要看着对方的眼睛,吐字清晰,真诚地向对方传达自己的想法。

第6章 激发干劲的称赞方式

在 10 秒内正确地称赞对方，并激发对方的干劲

从表演心理学的角度来看，有这样两句让人听了之后想立即进行反驳的谚语。即"即使是猪，在受到鼓励、心情变好之后，也能超常发挥完成工作"和"即使是笨蛋，用好了也同样起作用"。这两句谚语为什么听起来这么奇怪呢？因为它们都没有肯定对方的人格，而是一开始就否定了对方的人格。

你所称赞的下属、同事或孩子，他们既不是猪也不是笨蛋。通常，说这两句话的人都会有这样的想法：在贬低了对方之后，再以高人一等的姿态称赞对方，就能使对方更好地为自己工作。

本章最基本的内容就是**禁止以高人一等的姿态去称赞对方**。不要将自己看作比对方更有价值的存在，然后去评价对方。请以一种平等的姿态去感谢并称赞对方吧！除了称赞对方，还可以**根据对方的行为，向对方说"我和团队会帮助你"，这样可以更好地激发对方的干劲**。

我是日本大学艺术学院的一名教授。有一天，一位学生对我说，"老师，你的文章写得真好"，这让我一时不知道该说些什么。

他的本意当然是想称赞我。但是，当时的我已经出版了 180 多本书，在写文章的领域里，我是专家。

最后是旁边的学生好意地提醒了他，"你是在用什么高人一等的态度对老师说话啊？"

本章的 5 条规则

① 不要以高人一等的姿态评价对方

不要以高人一等的姿态称赞他人,而是尽可能以平等的姿态评价对方。

② 如果想称赞对方,最好做"最先称赞"的那个人

如果跟在某个人的后面接着夸对方,很可能会被认为是随大溜的人。

③ 不要错失称赞的最佳时机

越早称赞越好。但是,要注意周围是否有人因为你对对方的称赞而受伤。

④ 进行间接的称赞——"私下称赞"

在当事人不在的场合称赞他,或者像"××对于你对他的照顾非常感动"这样,以第三方的口吻来称赞对方。对于爱操心、心思重的人来说,对他进行间接称赞,效果会更好。

⑤ 要警惕"过度称赞"

如果对方是很容易得意忘形或者属于"井底之蛙"的类型,一旦对他们进行过度称赞,他们就会对自己盲目自信,所以要特别注意这一点。

10秒 场景 1 — 激发对方接下来的干劲

和完美地完成项目准备工作的下属说话时

想称赞对方 / 想激发对方的干劲

在10秒内被讨厌

✗ 真不错。你作为新人，能完成这份工作，我很惊讶。

(23个字符)

在10秒内被喜欢

○ 在这么忙的时候，你还能把必要的准备工作做得这么好，真是帮了我大忙。

(33个字符)

> 错误方法

✗ 过低的评价会降低对方的士气

```
[1]          [2]
称赞    +    低估对方的价值
```

真不错。[1]
你作为新人，能完成这份工作，我很惊讶。[2]

"你作为新人，能完成这份工作，我很惊讶。"这句话反过来看就是"我没想到你能完成这份工作"。这样一来，就会暴露出你之前一直把对方看作"无法完成这份工作的人"，这会使对方陷入"不知道自己到底是在被表扬还是在被贬低"的状态。这种说法违反了规则①。

此外，"真不错"这种笼统的称赞方式无法向对方传达你究竟在称赞对方什么。所以，这种称赞方式很难激发对方接下来的干劲。

> 正确方法

○ 通过"帮了我大忙"这一信息来评价对方的能力

[1 理解对方的立场] ＋ [2 对于自己得到的帮助表示感谢]

在这么忙的时候，你还能把必要的准备工作做得这么好，[1]
真是帮了我大忙。[2]

当你使用"真是帮了我大忙"这一 I message 来评价对方时，对方通常会非常开心地接受你的评价。此外，这一说话方式针对"在这么忙的时候，你还能把必要的准备工作做得这么好"这件事做出了高度评价，也就是说，**具体且清楚地告诉了对方，你所称赞的是对方的哪一行为**。这样一来，下属就会知道，当自己做好必要的本职工作时，会得到称赞。这对于他今后的工作会有所帮助。

> 这种说法也可以
>
> 虽然我之前没有表现出来，但其实我一直很担心。多亏你的帮助，我才放下心来。谢谢你。

- 通过展示自己作为上司的弱点，缩短和下属之间的距离。

和非语言性表达搭配使用吧!

做出能够和对方缩短距离的表情和动作

真是帮了我大忙。

如果关系比较亲密,也可以握手

计划书

- 当你以高人一等的姿态称赞对方时,通常下颚会微微抬高,鼻腔会放大,所以要注意这一点。
- 在说"真是帮了我大忙"时,要笑呵呵地一边说一边点头。如果关系比较亲密,也可以伸出一只手,请求和对方握手。

10秒 **场景 2**

激发对方接下来的干劲

称赞取得重要成果的团队领导时

想称赞团队领导 / 想提升团队整体的士气

在10秒内被讨厌

✕ 你有这么好的团队成员，真是幸运啊。

（17个字符）

在10秒内被喜欢

○ 你们团队在你的带领下，出色地完成了工作。对此，我真的非常感谢。

（31个字符）

> 错误方法

✗ 提及外因，会造成过低评价

[1] 片面地评价 ＋ [2] "那是偶然的成果"这一过低评价

> 你有这么好的团队成员，[1]
> 真是幸运啊。[2]

如果这样说的话，就不是在称赞团队领导的才干了。而且，很难判断团队获得的成功是否是团队成员的功劳。当听到这种说法之后，付出努力的团队领导应该会觉得自己的努力并没有得到回报。

当你在称赞对方时提及外因，很可能会被对方认为你对他做出的评价过低。这样一来，别说激发对方的干劲了，甚至可能让对方失去工作热情。而且，一旦演变成以高人一等的姿态评价对方，就违反了规则①。

正确方法

○ 将对方作为主语，对其进行称赞，并说出对方对自己的影响

| 1 对对方做出高度评价 | + | 2 表达自己感谢的心情 |

> 你们团队在你的带领下，出色地完成了工作。**1**
> 对此，我真的非常感谢。**2**

虽说你的本意是想称赞团队领导，但如果你忽视了团队成员的努力，那么对于率领团队的领导而言，似乎也觉得这份称赞有所欠缺。但是，像这个例子这样，**同时对于"卓越的领导力"和"团队成员的力量"进行了称赞，就会更容易得到对方的信任**。为了称赞在眼前的某个人而贬低不在眼前的某个人，这种应付一时的做法很可能会让对方对你失去信任，所以要避免。

此外，以 I message 的形式来称赞对方也可以。**"我看到你热心指导团队成员的样子，觉得非常感动。今后也请你多多关照。"** 在对结果进行评价的同时，对对方"作为领导耐心指导下属"这一过程也进行评价，会让对方觉得自己平时的努力得到了回报，可以进一步提升对方的工作热情。

> 和非语言性表达搭配使用吧!

像称赞自己一样称赞对方

- 在称赞对方的领导力时，可以表现出就像是自己的功劳一样，向对方伸出手，说："真是太棒了！"
- 在表达自己的感谢时，一边小幅度地多次点头，一边露出笑容。这样一来，可以很好地向对方传达自己的喜悦。

10秒 场景 3 激发作为中层管理人员的下属的干劲

称赞夹在中间左右为难的下属时

想慰劳中层管理人员 / 想表现出共情与理解

在10秒内被讨厌

✕ 山田主任,谢谢你。如果在现在这个最严峻的时期松懈,可能会演变成难以想象的局面。所以请你再加把劲儿。

(49个字符)

在10秒内被喜欢

○ 山田主任,在如此严峻的时期,你付出了这么多努力,真的让我备受鼓舞。

(33个字符)

> 错误方法

✗ 胁迫性的语言无法激发对方的干劲

1 表达谢意 ＋ **2** 胁迫性动机形成

> <u>山田主任，谢谢你。</u>**1**
> 如果在现在这个最严峻的时期松懈，
> <u>可能会演变成难以想象的局面。所以请你再加把劲儿。</u>**2**

好不容易说出了"谢谢你"这句话，然而，紧接其后的内容却在心理学中被纳入了**"强迫症"**的范畴。这其实是一种给对方施加压力的表达方式，比如"如果不学习，就会退步"。这一方法通过强调消极的印象，给对方造成精神上的紧张，并以此让对方努力。如果对方本身性格温顺，那么这种说法会很容易使对方产生巨大的心理压力，并陷入抑郁状态。

由于这种说法会给本就因为严峻的现状而紧张的对方施加额外的压力，所以很可能会击垮对方，因此要多加注意。

正确方法

⭕ 向对方传达"我得到了帮助"这一信息

| ① 承认好的一面 | + | ② 表达对对方的感谢 |

> 山田主任，在如此严峻的时期，
> 你付出了这么多努力，①
> 真的让我备受鼓舞。②

主任在如此艰难的情况下依旧继续努力着，所以，抓住这个时机，向他表示感谢吧！这种做法符合规则③。

此外，向对方表示"我得到了帮助"符合 I message 的形式。**在称赞对方时，请清楚地告诉对方，他的行动给你带来了什么好处。**

这种说法也可以

> 无论是对于你的下属，还是对于作为上司的我来说，你都十分重要。我知道你也一定背负着沉重的压力。我自认为是最能理解你心情的人。我真的非常感谢你一直以来的付出。

- 像这样，表示出对于对方处境的理解，也不失为一种好的做法。当听到这样的话之后，对方会深感"我的上司能理解我的心情"。

> 和非语言性表达搭配使用吧!

通过点头和微笑传达感谢和期待

真的让我备受鼓舞。

握起拳头

谢谢。

- 在说"在如此严峻的时期"时,要大幅度地点头,以此来传达自己深深的感谢和感动。
- 在说"真的让我备受鼓舞。"时,笑呵呵地做出要和对方握手的动作,可以更好地传达你的心情。

10秒 | 让对方拥有自信

场景 4 | 当下属对你说"我没有信心完成下一个项目"时

想让对方拥有自信／想激发对方的干劲

在10秒内被讨厌

✗ 没有自信是你的缺点。就在前几天，A公司的客户还表扬你了，所以，拿出干劲吧！

（37个字符）

在10秒内被喜欢

〇 安排你同时完成好几项工作，可能确实会让你感到不安。对了，前些天，A公司的专务董事还称赞了你的工作成果，我真替你开心。

（58个字符）

> **错误方法**

✕ 不要同时使用否定性评价和"间接称赞"

| 1 指出对方的缺点 | + | 2 在"间接称赞"之后进行多余的鼓励 |

> 没有自信是你的缺点。**1**
> 就在前几天，A 公司的客户还表扬你了，所以，拿出干劲吧！**2**

当你对下属进行否定性的评价时，你说得越正确，就越会伤害到对方。明明好不容易使用了规则④"间接称赞"这一技巧，**却让下属丧失了自信，这会使称赞的效果减半。**

这样一来，即使你借他人之口对下属进行了"间接称赞"，也会听起来像是事不关己，而且还可能会有损下属对你的信任。

正确方法

○ 使用传达他人评价的"间接称赞"

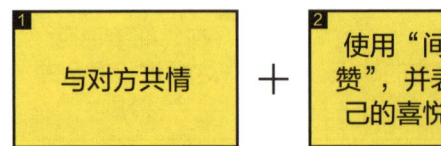

| 1 与对方共情 | + | 2 使用"间接称赞",并表达自己的喜悦之情 |

> 安排你同时完成好几项工作,可能确实会让你感到不安。1
> 对了,前些天,A 公司的专务董事还称赞了你的工作成果,
> 我真替你开心。2

在一开始先表现出对下属的共情,然后再使用"间接称赞"技巧,可以产生事半功倍的效果。

通过指出"安排你同时完成好几项工作,可能确实会让你感到不安。"可以向对方展示出自己对于下属当下处境的理解。**仅仅通过让对方感受到"我得到了理解",也能够在一定程度上减轻对方的压力。**之后,将 A 公司的专务董事对下属的评价通过"间接称赞"告知下属,会对下属产生很强的说服力。

在使用"间接称赞"这一技巧时,要注意称赞人的身份。如果是下属不怎么认可的人,即使你向下属转述了那个人对他的称赞,也无法收获理想的效果。

> 和非语言性表达搭配使用吧！

挺起胸膛，就像自己也被称赞了一样

（我真替你开心。）

昂首挺胸

- 在说"安排你同时完成好几项工作，可能确实会让你感到不安。"这句话的前半部分时，要放松眼部肌肉，用温柔的目光与对方进行眼神交流。
- 在说"我真替你开心。"时，要挺起胸膛，并表现出能让对方清楚看到的喜悦之情。

10秒 使对方保持干劲，并引导对方做出改变

场景 5 想适当地称赞优秀的下属所取得的业绩时

想称赞对方 / 不想让对方得意忘形 / 不想让对方有优越感

在10秒内被讨厌

✗ 不愧是你。你完成了谁都无法完成的业绩。今后你也要作为公司的希望之星，好好努力啊。

40个字符

在10秒内被喜欢

○ 谢谢你这么努力工作。在这个行业里，还有几个像你一样取得了优秀业绩的人，我向你介绍一下吧。

44个字符

错误方法

✘ 夸张的评价可能会让对方得意忘形

| [1] 过度称赞 | ＋ | [2] 过高的定位 |

> 不愧是你。
> 你完成了谁都无法完成的业绩。[1]
> 今后你也要作为公司的希望之星，好好努力啊。[2]

对于容易得意忘形的下属，需要对他进行叮嘱。过度称赞只会让他忘乎所以，这违反了规则⑤。

许多工作经验比较少的人都会对自己有着过高的评价，即自认为"我非常能干"。在这种时候，一旦他们得到了"不愧是你"之类的称赞，就真的会像"即使是猪，在受到鼓励、心情变好之后，也能超常发挥完成工作"这个比喻所说的那样，开始对"自己很了不起"这件事深信不疑。

为了防止这种情况发生，可以通过和下属说"还有几个像你一样取得了优秀业绩的人"和"我向你介绍一下吧"，让下属意识到在这里自以为了不起是行不通的。

正确方法

○ 通过称赞和叮嘱来使对方保持平常心

| 1 认可和评价 | + | 2 对于可能会骄傲的下属进行叮嘱 |

> 谢谢你这么努力工作。1
> 在这个行业里,还有几个像你一样取得了优秀业绩的人,我向你介绍一下吧。2

适当地称赞下属的努力,之后,通过列举其他的事例,委婉地告诫下属不要骄傲,这符合规则⑤。

一旦规则⑤中所列举的那种容易"得意忘形"的人被过度称赞,就会变得自负。因此,**告诉他们还有比你更厉害的人,是非常有必要的一件事**。这样做不仅能让他们保持清醒,也能让他们拥有继续奋斗的动力。

| 和非语言性表达搭配使用吧！

在愉悦的氛围与理性的发言之间灵活转换

转换为理性的发言

笑呵呵地

在这个行业里，还有几个像你一样取得了优秀业绩的人，我向你介绍一下吧。

谢谢你这么努力工作。

- 在向对方表达感谢时，最好一边微笑，一边点头示意。
- 在说后半句话时，要转换成较为严肃的语气，并认真地看着对方的眼睛。

10秒 | 增进和对方的关系

场景 6 想和同事一起自然地夸赞与平时穿衣风格不同的前辈

不想被认为是献殷勤 / 想没有违和感地称赞对方 / 想提升对方对自己的评价

在10秒内被讨厌

✗ 真的就像山田说的一样，是和平时感觉不一样的西装呀。这一定是定制的吧。

34个字符

在10秒内被喜欢

○ 我对服装不太敏感，我刚刚才注意到，您穿这套西装真的太好看了。我也想什么时候能像您一样会穿衣服。

47个字符

错误方法

✗ 重述他人的意见会被轻视

| 1 第二称赞 | ＋ | 2 自己的判断 |

> 真的就像山田说的一样，
> 是和平时感觉不一样的西装呀。**1**
> 这一定是定制的吧。**2**

"这一定是定制的吧"，这样说可能会有猜错的风险，而且会给对方一种你在以高人一等的姿态说话的感觉，违反了规则①。明明无法凭自己的感觉判断出是否是定制的西装，而且之前也没有注意到对方的穿着，却在**看到其他人开始称赞之后，慌忙地跟着称赞**。这种称赞不仅没有说服力，还会给对方一种你"很喜欢随大溜"的印象。

就像是当有人说自己"看了一部电影"时，你就赶忙接着说"我也看了，我也看了"一样。称赞对方这件事本身是一件好事，但是，如果自己本来都没有注意到，却在听到其他人这样说之后才立刻跟着说，会被对方轻视。

> 正确方法

◯ 坦率地说出自己的想法，给对方留下诚实的印象

| 坦率地说出事实 | ＋ | 表达憧憬之情 |

> 我对服装不太敏感，我刚刚才注意到，您穿这套西装真的太好看了。❶
> 我也想什么时候能像您一样会穿衣服。❷

如果只是跟在其他同事后面称赞对方，就违反了规则②，成了"随大溜"的人，并且会让对方觉得你在献殷勤。但是，上述这种说法则可以很好地把你"之前没有注意到"的这一事实和你自己坦率的憧憬之情传达给对方，所以，前辈可能会因此认为你是一个诚实且可爱的后辈，并对你抱有好感。

此外，"我也想什么时候能像您一样会穿衣服"这一 I message 语句，符合第 1 章的规则④，因此可以很好地向对方传达自己的想法。

和非语言性表达搭配使用吧!

通过眼神向对方表达尊重

睁大眼睛,露出 1 秒惊讶的表情

我刚刚才注意到,您穿这套西装真的太好看了。

是吗?

- 为了表现出自己之前没有注意到对方的服装,在说这句话的时候,要睁大双眼,并露出 1 秒惊讶的表情。
- 在说"我也想什么时候能像您一样会穿衣服"时,也要睁大眼睛。但是,这次需要表现出来的不是惊讶之情,而是"我也想这样穿"的心情。

第7章 关乎之后的训斥方法

在10秒内巧妙地训斥，可以更好地激发对方的干劲

对应该的事情和应该的人发怒，并且以应该的方式，在应该的时间和程度，就受到赞扬。如若温和是一个褒义词，这样的人就是一个温和的人。

（亚里士多德《尼各马科伦理学》第4卷 第5章）

请认真阅读并仔细琢磨、反复品味这句名言。

在喜怒哀乐这四种感情中，最令人束手无策的就是怒。当你面对下属、孩子等比自己的能力或地位低的人时，很可能会因为下述的某种情况，而使自己成为愤怒的俘虏。

①由于某件不合理的事情，训斥变成发怒，成为情绪的俘虏。

②对于做了错事的人发怒。

③因为不恰当的训斥方式而伤害了对方。

④训斥的时机不对，没有效果。

⑤长时间地训斥对方，反而使对方恼羞成怒。

亚里士多德早已看穿我们一不小心就会使用这些错误的训斥方式。

他将不犯这5种错误，且能采用适当的训斥方法的人称为"温和的人"，即值得被尊敬的人。

亚里士多德的理论如今依旧适用。

接下来，请大家记住巧妙的10秒训斥法吧！

本章的 5 条规则

① 区分训斥与发怒
在训斥他人时,你难道不会被愤怒的情绪所操纵吗?请在确认事实之后,尽可能采用冷静、客观的训斥方法。

② 不要否定对方的人格
训斥和否定对方的人格是两回事。对于比自己地位低的人,当你对他们的人格进行否定时,很可能会被认为是职权骚扰。

③ 抓住训斥的最佳时机
在众人面前训斥对方,可能会使对方反过来顶撞你或者使对方恼羞成怒。

④ 不要像梅雨季节的雨一样,不停地指责对方
当你把对方过往的种种不好全部罗列出来,并以此来训斥对方时,对方很可能会当真,并对你发怒。这样的做法反而会使对方失去干劲。

⑤ 提出解决对策
如果能在训斥对方的同时提出相应的对策,就可以给对方提供退路,从而使对方更容易接受你所说的话。

场景 1 | 引导对方做出改变

提醒总是迟到的下属时

想改变对方的行动 / 想让对方听自己的话 / 想保持威严

在10秒内被讨厌

✗ 上个月你也迟到了两次。这半年你一共迟到了十几次。你真是一无是处。

(32 个字符)

在10秒内被喜欢

○ 如果你迟到的话,我们就没办法在早会上安排工作了,这样会给大家添麻烦的。

(35 个字符)

错误方法

✗ 绝对不能否定对方的人格

[1] 翻旧账 ＋ [2] 否定人格

> 上个月你也迟到了两次。
> 这半年你一共迟到了十几次。[1]
> 你真是一无是处。[2]

提起上个月的事就算了，如果连这半年的事都一起翻出来说，比起让对方进行反省，会先让对方产生反感。

此外，千万不要说出"你真是一无是处"这种**对对方的人格进行全盘否定的话**。这违反了规则②。归根到底，对方的错误在于迟到，这与对方的人格没有关系。一旦让对方确信自己是一无是处的人，这将成为对方成长道路上的最大阻碍。

> **正确方法**

○ 告诉对方迟到带来的负面影响

[1 陈述事实] + [2 真心话]

如果你迟到的话,
我们就没办法在早会上安排工作了,**1**
这样会给大家添麻烦的。**2**

经常迟到是时间观念薄弱的体现。这对于当事人而言已经成了一种习惯,所以,只否定迟到这件事本身是不会有什么效果的。对于这样的人,可以像上述这种说法这样,告诉他迟到的负面影响。"我们就没办法在早会上安排工作了。这样会给大家添麻烦的。"**如果能像这样具体地将事实传达给对方的话,就不会让对方觉得反感。**

当这样做了之后,依旧看不到对方的改变时,可以对对方说**"你迟到的原因是什么呢?可以写在纸上让我看一下吗?"**像这样再往前迈一步。

《奇点临近》的作者雷·库兹韦尔也曾提出"在写出问题点之后,问题就会迎刃而解。"所以,我非常推荐这一改变对方行动的做法。

> 和非语言性表达搭配使用吧!

用严肃的表情来提醒对方，可能会招致反驳

认真地与对方进行眼神交流

这样会给大家添麻烦的。

抱歉！

不要摆出一副严肃的表情

- 在说"这样会给其他人添麻烦"时，不要用一副严肃的表情训斥对方。
- 稍微皱眉，并露出一副为难的神情，以此来强调"这样会给大家添麻烦"这件事，效果会更好。
- 在皱眉的同时，要保持与对方之间面对面的、坚定的眼神交流。

10秒 | 明确地指出问题，并引导对方做出改变

场景 2：下属在正式的场合穿着随意的服装时

希望对方能学会区分场合

在10秒内被讨厌

✗ 你在想什么呢？太不像样了！你能不能回家换身衣服？

（24个字符）

在10秒内被喜欢

○ 你看一下周围，你的衣服是不是和会场的氛围不太搭？你怎么认为呢？

（31个字符）

错误方法

✗ 任由自己发泄情绪、训斥对方，会起到反效果

[1] 人身攻击 ＋ [2] 情绪化的、不可能实现的提案

你在想什么呢？太不像样了！ [1]
你能不能回家换身衣服？ [2]

这种说话方式只让你把自己内心的真实想法说了出来而已。**与其说是训斥对方，倒不如说是被愤怒冲昏了头脑，从而说出了蛮不讲理的话。**因此，只会让对方惊慌失措。而且，无法区分训斥与发怒，违反了规则①。

在明知道让对方回家换衣服这一提案不可行的前提下，却依旧这样说，性质更加恶劣。用歇斯底里的态度发怒，是无法让对方进行反省的。

正确方法

⭕ 在阐述自己观点的同时，询问对方的意见

| 1 客观地评价 | ＋ | 2 让对方意识到问题所在 |

> 你看一下周围，
> 你的衣服是不是和会场的氛围不太搭？ 1
> 你怎么认为呢？ 2

不仅要陈述事实，还应该用"你怎么认为呢？"这种说话方式，来**引导对方自己去思考**"无视TPO[①]，究竟是一种什么行为"。当然也会有人在被狠狠地训斥了一顿之后，还能进行反省。但是，只有自己自发地去思考，才是真正的反省。

这种说法也可以
> 田中，穿着打扮也是重要的一部分。你觉得呢？

- 可以采用更直接的说话方式。
- 在表演心理学中，一个人的外表也十分重要。西装等所有穿在身上的东西都会被当作那个人的整体形象的一部分。

---

① TPO 指的是 TPO 原则，即着装要考虑到 Time（时间）、Place（地点）、Occasion（场合）。——译者注

> 和非语言性表达搭配使用吧!

让对方注意周围，用动作引导对方做出改变

左右摆头，引导对方也做出环视周围的动作

你看一下周围，你的衣服是不是和会场的氛围不太搭？

对不起！

- 在说"你看一下周围，你的衣服是不是和会场的氛围不太搭？"的时候，最好自己也左右摆头，做出环视周围的动作。
- 在说最后一句疑问句"你怎么认为？"的时候，请从下往上看对方的眼睛，并做出期待对方回答的表情。

10秒 说出真心话，改变对方的行为

场景 3　下属没有反馈客户的不满时

想提醒对方事情的严重性 / 不想让这种错误再次发生

在10秒内被讨厌

✗ 不向我汇报客户的不满情绪，是因为你想瞒下这件事，是吗？

（27个字符）

在10秒内被喜欢

○ 为了能与客户建立信任关系，当客户表示不满时，我希望你务必向我汇报。

（33个字符）

错误方法

✘ 只确认事实，会以表面反省告终

| 1 确认事实 | + | 2 对对方进行恶意猜疑 |

> 不向我汇报客户的不满情绪，**1**
> 是因为你想瞒下这件事，是吗？**2**

如果只针对"不向我汇报客户的不满情绪"这件事责备对方，会让对方产生这样的想法："那我以后会为了不让你生气而向你汇报。"这样一来，对方只会进行表面上的反省，而无法认清问题的根本所在。

如果对方并非有意隐瞒，只是单纯地忘记了这件事，你这样说只会让对方觉得委屈，心想"至于这么责备我吗"。

此外，只是单纯地指出对方的错误并不能改变对方的行为。按照规则⑤所说的那样，提前想出解决对策吧！

正确方法

⭕ 明确地说出目的，使对方做出改变

```
[1] 明示目的  ＋  [2] 提出具体方案，制定规则
```

> 为了能与客户建立信任关系，[1]
> 当客户表示不满时，我希望你务必向我汇报。[2]

表面上的规则无法从根本上改变他人的行动。美国著名顾问西蒙·斯涅克曾在《从"为什么"开始》一书中提道："人们只有在理解了为什么之后，才会开始行动。"**如果能在对话中加入"为了能与客户建立信任关系"这一"为什么"，那么，只需10秒，对方就会对"向上司汇报客户不满的必要性"了然于胸。**只要能让对方理解这一点，那么改变对方的行为就不再是难事。如果下属本身是严肃、认真的类型，那么你可以通过引用谚语等，让他自己意识到漏掉一次汇报意味着什么。比如，你可以问他："**你知道'小洞不补，大洞吃苦'这一谚语吗？**"这也不失为一种好的做法。我们可以借助谚语的力量，即使不喋喋不休地对对方进行说教，也很容易让对方领悟你想传达的内容。

和非语言性表达搭配使用吧！

用语气传达信任，用眼神传达说服力

坚定的眼神

我希望你务必向我汇报。

对不起！

- 在说"为了能与客户建立信任关系"时，要做到语速放缓、吐字清晰，要让对方能清楚地听到你所说的全部内容。
- 当说到"我希望你务必向我汇报"时，因为这是在叮嘱对方，所以请和对方进行坚定的眼神交流吧！
- 与对方进行眼神交流的时间不能少于 2 秒。

10秒 修正错误，改变对方的行为

场景 4 提醒总是说"原来如此"的下属时

想改变对方的口头禅 / 希望对方能意识到自己的失礼

＼ 在10秒内被讨厌 ／

✗ 你的字典里是只有"原来如此"这个词吗？这会让我怀疑你是不是在认真地听我说话。别再说这个词了。

㊻ 个字符

＼ 在10秒内被喜欢 ／

〇 一旦让和你交流的人感到反感就得不偿失了。所以，不要再一直说"原来如此"了。

㊲ 个字符

错误方法

✗ 不要因为对方的用词而否定对方的人格

[1] 夸大事实 ＋ [2] 否定对方的人格

> 你的字典里是只有"原来如此"这个词吗？[1]
> 这会让我怀疑你是不是在认真地听我说话。[2]
> 别再说这个词了。

这是将自己的主观印象作为理由，而**痛斥对方的说话方式**。**这种说话方式否定了对方的人格，违反了规则②**。这种极端的、只传达自己单方面想法的说话方式，只会无用地激起对方的反抗心理，让对方觉得"我只是偶尔这么说！我的字典里也有其他的词！""我有在认真听你说话！"并不会收获理想的效果。

正确方法

◯ 提醒对方考虑听话者的立场，并提出建议

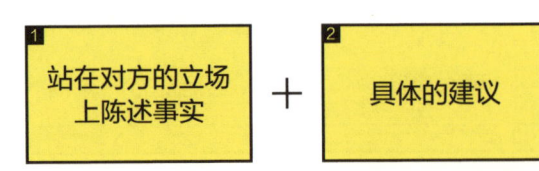

| 1 站在对方的立场上陈述事实 | ＋ | 2 具体的建议 |

> 一旦让和你交流的人感到反感就得不偿失了。[1] 所以，不要再一直说"原来如此"了。[2]

不直接指责对方，只指出对方"总是以'原来如此'结束对话"这一事实，这样做会让对方很难产生反抗心理。"可能会在与他人的交流中吃亏"是你自己的想法，当你告知对方你的这一想法之后，由于你把"之后该怎么做"的决定权交给了对方，所以对方会更容易接受你的观点。

这种说法也可以

> 你好像一直无意识地在说"原来如此"。

- 如果对方并没有注意到自己的口头禅惹人厌烦，你可以用一种较为幽默的表达方式，让他意识到这件事。
- 对于一直都没有意识到这件事的对方来说，可能会感到十分惊讶。如果你委婉地提醒对方，对方应该会察觉到。

> 和非语言性表达搭配使用吧!

强调对方的口头禅，使对方意识到其问题

> 也可以一字一顿地说
>
> 不要再一直说『原来如此』了。

> 对不起。

- 因为想突出"原来如此"这个词，所以在说这几个字时，语速要放缓、声音要放大，且每个字之间要有停顿，就像"原、来、如、此"这样，一字一顿地说。
- 为了能让对方意识到"我做了这么奇怪的事情"，在提醒对方时，要认真地看着对方的眼睛，并清楚地说出事实。

10秒 **场景 5** 保持对方的干劲

和总是把事情搞砸的下属说话时

想让自己的意见被采纳 / 想让他人认为这是个好主意

在10秒内被讨厌

✘ 你做的工作就好像在画不倒翁时没有画两只眼睛一样。这样下去，你只会一事无成。

37个字符

在10秒内被喜欢

○ 我知道你已经拼命努力了，但如果只差最后的临门一脚会很可惜。所以，最后一定要试着重新修改一下。

46个字符

错误方法

✗ 慎用比喻

| 1 让人难以理解的比喻 | + | 2 全盘否定对方的努力 |

> 你做的工作就好像在画不倒翁时没有画两只眼睛一样。**1**
> 这样下去，你只会一事无成。**2**

也许你是想说些有趣的话，但是，像这种抽象的表达方式，只会让对方感到疑惑："不倒翁的眼睛？究竟说的是什么？"

此外，以"一事无成"这种否定性的结论来结束对话，只会给对方留下"我被训了一顿"的印象，并不会让对方开始反省并改正自己的行为。所以，请像规则⑤说的那样，提前想出解决对策吧！

`正确方法`

◯ **在认可对方努力的前提下提出建议**

| 1 先认可对方的努力,之后进行部分否定 | ＋ | 2 提出建议 |

> 我知道你已经拼命努力了,但如果只差最后的临门一脚会很可惜。**1**
> 所以,最后一定要试着重新修改一下。**2**

在认可对方努力的前提下,再将"最后的收尾很重要"这一信息传达给对方。这样一来,对方会更容易接受你的建议。此外,如果对方的工作经历比较少,那么**为了帮助其改正缺点,提出具体的建议是非常重要的一步**。

`这种说法也可以`
> 我之前也有过非常失败的经历,比如没有贴邮票就把重要的文件直接投进邮筒了。

- 讲述自己的失败经历,能够瞬间拉近你与对方之间的距离。这样一来,对方也会愿意对你敞开心扉。
- 如果你在对方心中是一名优秀的上司,那么你可以给予对方勇气,让对方觉得"我现在的缺点也可以通过努力改正过来"。

和非语言性表达搭配使用吧!

不要流露出消极的情绪,时刻意识到"要与对方共情"

- 绝对不要表露出愤怒或失望。
- 说话时,将手温柔地放在对方的手上,可以表示亲切。
- 在给对方提建议时,要认真地看着对方的眼睛,与对方进行眼神交流。

10秒 **场景 6** | 改正错误，改变对方的行为

训斥在新的一周刚开始就打哈欠的下属时

希望对方认真工作 / 不想被认为是职权骚扰

在10秒内被讨厌

✕ 你是不是周末玩过头了？只有我一个人干劲十足可不行。

（25个字符）

在10秒内被喜欢

〇 如果你能切换到工作日的状态集中精力工作的话，我会十分感激。

（29个字符）

> 错误方法

✘ 不要干涉对方的隐私

| 1 否定对方在私人时间内的行为 | ＋ | 2 否定对方的人格 |

> 你是不是周末玩过头了？ 1
> 只有我一个人干劲十足可不行。 2

当听到这种似乎是在批判自己生活方式的说法时，对方只会想反驳你。如何度过私人时间本来就是下属的自由，即使是上司，也无权干涉下属的私人时间。**下属中甚至会有人把这种说法理解为职权骚扰**，所以，一定不要用这样的方式对下属说话。

此外，这种说话方式并没有向对方传达"希望你能集中精力工作"这一关键信息。

正确方法

〇 在职权范围内，适当地提醒对方

| 1 明示自己的价值观 | + | 2 通过使用"I message"提出建议 |

> 如果你能切换到工作日的状态❶集中精力工作的话，我会十分感激。❷

虽然这种说法中也包含了"你周末过得挺忙"这一微妙的语义，但这种说法并没有直接提及对方的周末，因此这样说会更加安全。此外，作为上司，你有权对下属工作日的时间安排给出建议。但是，比起"给我集中精神"这种命令式的说法，像这个例子这样，采用"I message"的说话方式会更容易让对方听进去。

这种说法也可以

> 也许你周末过得很忙，但是可以试着在周日晚上提前恢复一下心情和体力。

- 询问对方周日晚上是如何度过的，这从严格意义上来说是违反规则的。但是，如果只是以提建议的方式说出来的话，那么对方应该不会感到十分抗拒。

和非语言性表达搭配使用吧！

通过手部动作来展现自己的想法，促使对方做出改变

切换到工作日的状态。

发出声音，可以给对方留下更加深刻的印象

- 双手合十，发出"啪"的声音，可以给对方留下更加深刻的印象。

场景 7 和答应得很好但却没有做出成果的下属说话时

10秒 让对方说出真心话，并引导对方开始行动

想让对方认真地听自己说话

在10秒内被讨厌

✘ 你只会嘴上答应，却从来没做出过什么成果吧？你是不是实际上背地里都在应付了事？

(38个字符)

在10秒内被喜欢

○ 你能这样答复我，我很放心。到明天为止，你大概能完成百分之多少呢？

(32个字符)

错误方法

✗ 主观臆断会降低对方的工作热情，所以要避免

[1] 否定对方的工作成果 ＋ **[2]** 间接否定对方的人格

> 你只会嘴上答应，却从来没做出过什么成果吧？[1]
> 你是不是实际上背地里都在应付了事？[2]

即使这种猜测猜对的可能性很高，但是像这样**对他人进行主观臆断**，会使对方的心情变得很差。而且，使用"你从来没做出过什么成果"这种强烈的否定性话语也是危险的。这种否定会上升到人格否定，违反了规则②。

此外，对于并没有应付了事、只是能力不足的下属而言，当听到这些话之后，他们会陷入无法恢复的沮丧之中。

正确方法

◯ 尊重对方，提示具体的目标

| 1 整体肯定 | ＋ | 2 提出目标 |

> 你能这样答复我，我很放心。[1]
> 到明天为止，你大概能完成百分之多少呢？[2]

在默认对方可以按照他所答复的那样去做的前提下和对方说话，就可以在不否定对方的情况下结束对话。但是，如果想让对方真正开始投入工作，就要帮助他确立具体的目标。在这时，比起自己随意地为下属确立目标，不如像这个例子这样，让下属自己设定目标。**如果是自己决定的事情，就会更容易产生责任感，很难再应付了事。**

这种说法也可以
> 在我看来，要想取得好的结果，背地里的努力也必不可少。我想，如果是你，一定没问题。

- 可以先表现出对对方的信任。
- 当得到上司的信任后，即使不想去做，也会不得不努力，这就是人情世故。

> 和非语言性表达搭配使用吧！

通过动作来表现具体的数字，引导对方开始行动

笑呵呵地

你能这样答复我，让我很放心。

到明天为止，你大概能完成百分之多少呢？

30%？

用手指来确认程度

- 在说"你能这样答复我，我很放心"这前半句话时，可以笑呵呵地说。
- "到明天为止，你大概能完成百分之多少呢？"在询问期限或百分比时，可以用手指来确认完成程度。

第 8 章 引出真心话的倾听技巧

在10秒内用"倾听技巧"引导对方说出实情

K是一家进口车销售公司的销售员。他所掌握的信息并不比其他同事多,他本人也并非很能说的类型。比较而言的话,他是会微笑着倾听对方发牢骚的类型。在新车发售之后,K的销售额是最高的。

有一天,K给我打电话说:"绫子老师,现在新出了一款很酷的低油耗运动车型,可以占用您一点时间,向您介绍一下吗?"我答复他说:"是吗?我现在正在写一本新书,没有时间和你见面。你可以把产品目录发给我看一下。"于是,K说:"是您之前和我说过的,与'10秒'有关的书吗?您还在为了赶时间而通宵吗?您要多保重身体,别再像去年那样病倒了。"

能记住两个多月之前的对话,我就已经很佩服他了。没想到他竟然还能记得去年的事情。

"谢谢你,我的身体没事。"最后,我只是用一两句话说了一下我最近的身体情况,就挂断了电话。但是,他通过这通电话得知了我的最新消息。他非常自然地运用了表演心理学中的下述3个倾听技巧。

①没有一上来就说出自己的诉求(控制感情)。

②记住了之前的谈话内容,并巧妙地进行询问[先听再问(Listen & ask)]。

③与对方共情,引导对方说出实情(付出感情)。

本章的 5 条规则

1 与对方共情，倾听对方

试着理解对方的心情吧！比如，在对方忙得不可开交的时候，不要缠着对方说很长时间的话。

2 不要被情绪所操控

控制自己的情绪，抑制自己的愤怒、焦虑等情绪，倾听对方。

3 先听后问

抓住对方所说内容的要点，有针对性地提问。要特别注意不要弄错数字或专有名词等。

4 记住从对方口中得到的信息

记住并重复对方曾经说过的话，让对方感受到你有用心听他说话。

5 有效地进行附和

通过进行有效的附和，引导对方说出新的事情。"附和"在表演心理学中被称为"言语表情"（regulators）。

10秒 场景 1 — 引导比自己地位高的人做出改变

向嘴上说着"为了你好",但发生问题时却装作不知道的上司提意见时

希望对方能帮助自己 / 想让对方产生兴趣 / 想改变对方的行为

在10秒内被讨厌

✗ 您总是对我说"为了你好",这是真的吗?之前我被公司里的人孤立,向您求助的时候,您也没有帮助我吧?

(48个字符)

在10秒内被喜欢

○ 谢谢您一直这么关心我。能麻烦您现在和我一起找出发生这个问题的原因吗?

(34个字符)

> 错误方法

✗ 如果只顾批判对方，会无法听到对方的真心话

| 1 以疑问句的形式指责对方 | ＋ | 2 让对方回想起不好的往事 |

> 您总是对我说"为了你好"，这是真的吗？ 1
> 之前我被公司里的人孤立，
> 向您求助的时候，您也没有帮助我吧？ 2

如果采用上述这种说话方式，就会变成只是在抱怨对方。从上司的立场来看，事到如今已经无法辩解的事实又被你重新摆在了眼前。**在被你单方面地批判之后，应该没有人还能对你说出真心话。**

任由自己发泄愤怒或表达对对方的不信任，违反了规则②。所以，先压制消极的情绪，让自己保持冷静吧！

正确方法

◯ 当场立刻寻求帮助

| 1 感谢的话语 | ＋ | 2 以请求的口吻，试探对方的真心 |

> 谢谢您一直这么关心我。[1]
> 能麻烦您现在和我一起找出发生这个问题的原因吗？[2]

对于只会嘴上说说的人，重要的是让他此时此刻立即行动起来。如果你对上司说"现在请您帮我一下"，上司却优先考虑他自己，对你说"我现在很忙"的话，那么就基本可以确认他口中的"为了你好"只是谎言。在这时，还可以再进一步地问对方"那您什么时候有时间呢？"如果上司的回答依旧含糊不清，那么就可以说明他并不值得信任。

这种说法也可以
> 感谢您经常给我建议。但是，具体哪里是为了我好呢？

- 如果上司无法清楚地答复你，那么直接问他也无妨。
- 在这时，如果上司依旧结结巴巴、说不出所以然的话，就会暴露他口中的"为了你好"，只是为了让他自己看起来很了不起。

和非语言性表达搭配使用吧!

即使不满也不要忘记鞠躬

\ 轻轻鞠躬 /　　　\ 由下向上看着对方 /

> 谢谢您一直这么关心我。

> 能麻烦您和我一起找出发生这个问题的原因吗?

- 在道谢的同时,要轻轻地鞠躬。在请求对方提出建议或指导时,要用真诚的眼神从下向上看向对方。
- 在说完最后一句话之后,轻轻地鞠躬,效果会更好。

10秒 **场景2**

引导对方说出真心话，鼓励对方

当下属说"不想失败，给您添麻烦"并因此逃避挑战时

想听到他的真心话 / 想让他拥有自信

在10秒内被讨厌

✗ 如果你的失败会给其他人带来麻烦，那么就请你以成功为目标。但是，你的真实想法是什么呢？

42个字符

在10秒内被喜欢

○ 的确，失败是可怕的。那么，你能不能和我逐一地说说，你具体是在害怕什么呢？我会帮助你的。

43个字符

> 错误方法

✗ 采用给对方施压的说话方式，会产生反效果

| 1 不由分说地否定对方的意见 | + | 2 采用 but 句式，请求对方说出事实 |

> 如果你的失败会给其他人带来麻烦，那么就请你以成功为目标。**1**
> 但是，你的真实想法是什么呢？**2**

　　这种带有攻击性的说话方式，会让作为上司的你希望对方能听命于你的这一意图变得显而易见。**下属在感受到这种无形的压力之后，很可能会难以向你敞开心扉。**而且，这种说话方式还可能被下属认为是职权骚扰。

　　过于直接地询问下属"你的真实想法是什么？"甚至可能会让生性胆小的下属觉得可怕。这样一来，你将无法获得下属的信任。

　　因此，不要采用这种直接的问法，而是遵循规则③，采用能与对方共情的提问方式吧！

正确方法

⭕ 认可对方的恐惧心理，并提出建议

| 1 与对方共情 | ＋ | 2 具体事例的推动 |

> 的确，失败是可怕的。**1**
> 那么，你能不能和我逐一地说说，你具体是在害怕什么呢？我会帮助你的。**2**

所谓的"不想添麻烦"，归根结底是"害怕失败"。在这时，作为上司，你可以主动为下属找出一个"正当的"借口，比如，"你的责任感太强，所以才会害怕失败"。这样一来，下属就会相信上司是信任自己且认可自己的。当听到上司说"我会帮助你的"时，也会感到安心。之后如果下属能给出"那我试一下吧"**这种积极的回答，那么他将很可能会因为责任感而挑战自己。**

这种说法也可以
> 我知道你是慎重的人。对了，顺便问一下，你这次具体是遇到什么瓶颈了呢？

- 当下属听到你对他做出了肯定的评价，并且耐心地询问他"遇到了什么瓶颈"时，他的心情会变得轻松，因此，会更容易向你吐露真正的原因。

> 和非语言性表达搭配使用吧!

通过面部表情，表现出理解与鼓励

- 当下属说"失败是可怕的"时，你的表情中要流露出对他的同情和理解，并温柔地注视着他。
- 为了强调"我会帮助你的"这句话，在说这句话时，语速放缓、头部小幅度地摆动几次，可以更好地向对方传达自己对于他的理解和鼓励。

10秒 | 引导对方说出真心话，与对方共情

场景 3

身边的人在晚饭后的聊天中似乎想抱怨什么

想听到对方的真心话 / 在不吵架的前提下解决问题

在10秒内被讨厌

✗ 你怎么回事？一脸不开心的样子！是我说了什么不好的话吗？你露出这幽怨的眼神是对我有什么不满吗？

㊻ 个字符

在10秒内被喜欢

○ 抱歉，我好像漏听了你说的话。你可以再和我说一遍吗？

㉕ 个字符

错误方法

❌ 消极的表达方式会增强对方对你的不信任感

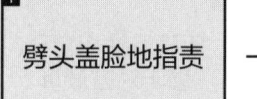

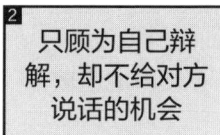

```
[1] 劈头盖脸地指责  +  [2] 只顾为自己辩解，却不给对方说话的机会
```

> 你怎么回事？一脸不开心的样子[1]
> 是我说了什么不好的话吗？
> 你露出这幽怨的眼神是对我有什么不满吗？[2]

当你用这种带有攻击性的态度对对方说话时，对方很可能会感情用事、说出气话，甚至干脆失去与你交流的欲望，闭口不言。这违反了规则②。

请注意，千万不要对本就心情不佳的人使用"幽怨的眼神"等消极的说法。

此外，在指责对方的同时为自己辩解，会加深与对方的隔阂，使对方对你产生敌对心理。

正确方法

⬤ 强调自己的过错，做出倾听的姿态

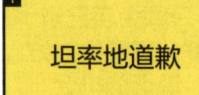

| 1 坦率地道歉 | + | 2 明确表达出自己想听对方倾诉 |

> 抱歉，我好像漏听了你说的话。[1]
> 你可以再和我说一遍吗？[2]

当自己的行为让对方的心情变得不好时，正确的做法是做出认错的姿态，进行让步和妥协。**当看出对方有话想说时，要主动为对方提供倾诉的机会。**这样一来，对方应该就可以放下心来说出自己的想法。

这种说法也可以
> 抱歉，如果你能告诉我你具体是对于我的哪些做法感到介意，我会非常感激。

- 可以自己先开口提问。
- "介意的事情"这一表达方式所涉及的范围很广，也间接地向对方传达了"无论你说什么我都能接受"这一信息，因此，对方会更容易开口倾诉。

和非语言性表达搭配使用吧！

注意视线和脸部的角度

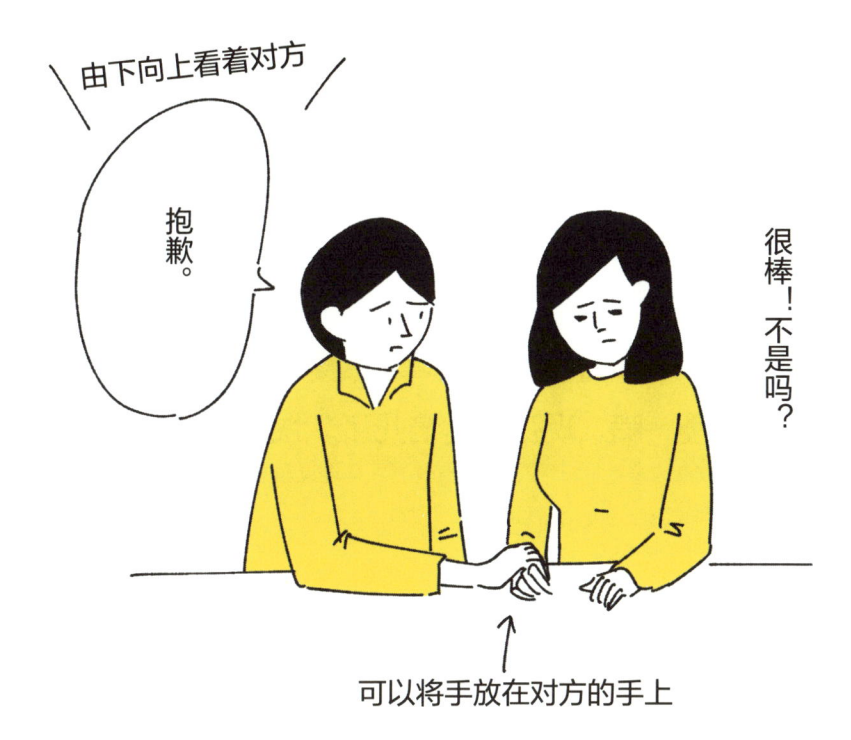

由下向上看着对方

抱歉。

很棒！不是吗？

可以将手放在对方的手上

- 在说"抱歉"时，脸部要稍微朝下倾斜，由下向上看着对方。
- 如果你和对方是恋人、夫妇等亲密关系，在这时，可以用手揽着对方的肩膀或者握着对方的手，效果会更好。

引导对方说出真心话

场景 4　身边的人对"回家晚了"这件事做了很长的说明

想听到对方的真心话 / 想被信任 / 不想听到借口

在10秒内被讨厌

✗ 你为什么这么晚才回家？即使你本想隐瞒，现在也露馅儿了。快说实话吧。

（33个字符）

在10秒内被喜欢

○ 抱歉，你刚才说的话我没听清楚。你可以再说一遍吗？

（24个字符）

> **错误方法**

✕ 主观断定对方隐瞒了实情,将无法听到对方的真心话

```
┌─────────────────┐     ┌─────────────────┐
│ ①               │     │ ②               │
│ 以疑问句的形式  │  +  │     威胁        │
│   指责对方      │     │                 │
└─────────────────┘     └─────────────────┘
```

> 你为什么这么晚才回家?①
> 即使你本想隐瞒,现在也露馅儿了。快说实话吧。②

主观断定对方对你隐瞒了实情,除了会让对方感到不舒服,没有任何作用。当对方被你这样指责之后,**只会单纯地觉得害怕,什么也说不出来**。从这时开始,对方想要说真话的勇气就已经完全被你剥夺了。

此外,"即使你本想隐瞒,现在也露馅儿了"这句话听起来带有威胁的性质。也许对方本想对你说实话,但在听到这句话之后,会认为你在威胁他,会因此失去对你吐露心声的兴致。遵循规则①,站在对方的角度提出问题吧!

正确方法

⬤ 保持谦逊的态度，营造良好的沟通氛围

| 1 控制愤怒的情绪 | ＋ | 2 聪明地依赖对方 |

> 抱歉，你刚才说的话我没听清楚。[1]
> 你可以再说一遍吗？[2]

假设对方真的在说谎，那么，他一定会想尽办法避免"再说一次"。以"抱歉"这一谦逊的态度开启谈话，会让对方无法倒打一耙或岔开话题。如果对方真的在说谎，那么，把同样的内容再重复一次，就会变得前言不搭后语。这样一来，对方就会暴露自己在说谎的这一事实。

这种说法也可以

> 今天辛苦你了。要不要先吃饭？

- 不要表现出怀疑，让对方感到安心。
- 当对方觉得自己没有被怀疑时，就可能会对你说出真心话。

和非语言性表达搭配使用吧！

不要露出严厉的表情，以此向对方传达"我是站在你这边的"

微笑

你可以再说一遍吗？

- 要点是控制住愤怒或想要指责对方的情绪。
- 切忌眼神过于犀利。露出微笑，在身体朝着下一个动作的方向移动的同时开始说话。这样一来，你将表现出想要尽快脱离这一局面的状态。

引导对方说出真心话

10秒 场景 5

当下属提出辞职时

想挽留对方 / 想知道原因 / 想听到对方的真心话

在10秒内被讨厌

✗ 真的假的？我简直不能相信。这里的环境和待遇都很适合你。你却偏要辞职，你是怎么想的？

（41个字符）

在10秒内被喜欢

○ 真的吗？你想辞职吗？具体是发生了什么事呢？可以和我说说你为什么想辞职吗？

（36个字符）

> 错误方法

✗ 不要将自己的价值观强加于人

| ❶ 将自己的价值观强加于人 | + | ❷ 提出自以为是的疑问 |

> 真的假的？我简直不能相信。
> 这里的环境和待遇都很适合你。❶
> 你却偏要辞职，你是怎么想的？❷

"环境和待遇很好，很适合你"，归根到底只不过是你作为上司的判断。以自己的价值观为出发点，质问对方"公司很适合你，你为什么要辞职？"这种做法过于自私。这样做会让对方感到强烈的不适，从而无法对你说出真心话。试着践行规则①或者规则③。

上述这种说话方式只表达了你作为上司的想法。如果想让对方对你敞开心扉，就必须学会倾听对方的想法。

正确方法

◯ 理解对方的心情，引导对方说出真心话

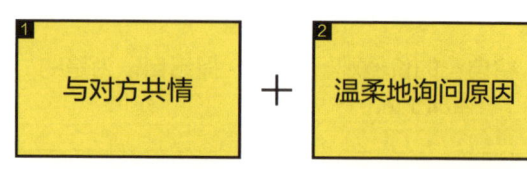

| 1 与对方共情 | ＋ | 2 温柔地询问原因 |

> 真的吗？你想辞职吗？ **1**
> 具体是发生了什么事呢？
> 可以和我说说你为什么想辞职吗？ **2**

一点点地解开对方的心结，是表演心理学中常见的技巧之一。**如果你想试探对方的真心，最重要的是让对方感受到你能与他共情。**其中第一步就是重复对方的决定，以此让对方感受到自己得到了理解。这样一来，对方会感到安心，之后就会渐渐地向你吐露心声。

这种说法也可以
> 是吗？你不想继续待在现在的职位上了吗？今年是你开始工作的第几年来着？可以再具体地和我说说吗？

- "今年是你开始工作的第几年来着？"通过转移话题，缓和对方拘谨的状态。
- "可以再具体地和我说说吗？"让对方看到你想要理解他的想法，这也是让对方能够放心地说出真心话的秘诀。

和非语言性表达搭配使用吧!

通过平缓的语调,展现出对对方的理解与共情

为了避免用指责的语气说话,说话时要看着对方的眼睛,不急不慢地说

可以和我说说你为什么想辞职吗?

将脸稍微向对方的方向倾斜,会更容易让对方敞开心扉

- 用平缓的语调讲话。
- 不要从正面盯着对方看,将脸稍微向对方的方向倾斜,会更容易让对方向你敞开心扉。

10秒 引导对方说出真心话，让对方做出改变

场景 6 认为上司偏袒同事，自己没有得到公正的评价时

想提升自己在上司心中的评价 / 想知道原因

在10秒内被讨厌

✗ 我觉得我比 A 更努力。如果我有做得不合您心意的地方，能麻烦您告诉我吗？

(34 个字符)

在10秒内被喜欢

○ 真的非常抱歉。我一直想竭尽全力做到最好。如果我有做得不对的地方，能麻烦您告诉我吗？我一定会尽快改正过来。

(52 个字符)

> 错误方法

✗ 刻薄的话语会变成"质问"

[1] 自认为是 ＋ [2] 不讲情面地提议

> 我觉得我比 A 更努力。[1]
> 如果我有做得不合您心意的地方，
> 能麻烦您告诉我吗？[2]

当你被不满的情绪所操控时，就违反了规则①。而且，"请您具体地说一下"这句话虽然从形式上来看是在请求对方，但是内容听起来像是在指责对方之前所做出的评价并不具体。

此外，这种说话方式违反了规则③"先听后问"。只有当你对对方心生不满时，才会使用"请您具体地说一下"这种刻薄的说话方式。这样一来，**比起"询问"，这样说听起来更像是在"质问"对方**。

"我想变得更好，所以想知道原因。"这种说法非常实用，可以用于任何场合，所以请一定要牢记。

> **正确方法**

⭕ 为了促成变化，肯定过去吧！

[1 道歉] ＋ [2 谦虚地提出建议]

> 真的非常抱歉。**1**
> 我一直想竭尽全力做到最好。
> 如果我有做得不对的地方，能麻烦您告诉我吗？
> 我一定会尽快改正过来。**2**

"真的非常抱歉。"在一开始先说出这句话，可以控制自己不满的情绪，符合规则①。此外，"能麻烦您告诉我吗？我一定会尽快改正过来。"这句话符合让对方说出真心话的倾听技巧规则⑤，且效果显著。

尽早说出"抱歉""真的非常抱歉""对不起"等道歉的话语，符合第 2 章中所提到的"行为矫正"这一规则。先进行道歉，然后倾听对方的想法，像这样一步一步地来，才可能问出真正的原因。

如果没有先说出道歉的话语，就直接询问对方原因，很可能会让对方觉得你是在"质问"他，从而让对方难以对你说出真心话。

和非语言性表达搭配使用吧!

通过眼神和手部动作表达谦虚

- 在说这句话时,头部稍微向下倾斜,从斜下方窥视对方的眼睛,可以给对方留下谦虚的印象。比起直接质问对方,这样做会更容易让对方回应你的请求。
- 当说到"改正"一词时,将右手轻轻地放在自己的左胸上,可以更好地向对方传达"我发誓"这一信息。

结语

本书通过具体事例讲述了在 10 秒内对于多种情境的不同应答方式。

在我看来，如果能牢记本书中所提及的规则，那么 10 秒可以发挥出比 60 秒、1 小时更大的作用。无论是 1 天还是 1 年，归根结底，都是每天 10 秒的累积。可以说，重视这 10 秒决定了你的人生能否发生巨大改变。

迄今为止，从政治家到学生，我向超过 4 万人讲述了 10 秒的重要性。

最初，大家都无法在 10 秒内有良好的表现，但经过练习之后，很快就能在 10 秒内有出色的表现。而且，许多人告诉我，他们在现实生活中使用了本书所提及的规则后，人生都有了好转。

不要仅仅阅读本书，请一定要进行练习并实践。

与运动和武术一样，只有每天不断地练习，才能收获好的结果。

倘若本书中所介绍的内容能或多或少给大家的人生带来好的影响，我将不胜欣喜。

★★★ 敏感系列 ★★★

★★★ 女性成长系列 ★★★

★★★ 自我疗愈系列 ★★★

★★★ 应对系列 ★★★